Myron Stagman

100 PROPHEZEIUNGEN VOM ORAKEL IN DELPHI

[Prophetischer Rat vom Gott Apollo]

City-State Press
Frankfurt a. M.

Titel der englischen Originalausgabe
100 PROPHECIES of the DELPHIC ORACLE
[Prophetic Advice from the God Apollo]
Deutsche Übersetzung von Renate Bosch

City-State Press
Frankfurt a. M.

Printed in Germany
ISBN 3-8311-0604-5

für

Renate, MFL

Danksagung

Wir, der Autor und die Übersetzerin, möchten unserer Freundin Inka aufrichtigen Dank sagen für ihre selbstlose Unterstützung bei der Vorbereitung der Übersetzung dieses Buches. Ihre gewissenhafte Mitarbeit „aus gemeinsamer Liebe zur Sache" hat viel zum Gelingen beigetragen.

INHALTSVERZEICHNIS

Über den Autor

**Landkarte von Griechenland mit besonderer
Hervorhebung der im Text erwähnten wichtigen Orte**

Einführung: Das Orakel von Delphi

100 Prophezeiungen

1. Erkenne dich selbst
2. Etwas über Wertschätzung
3. König Krösus (1)
4. König Krösus (2)
5. Wahnsinn und Tod einer Pythia
6. Die Olympischen Spiele (1)
7. Die Olympischen Spiele (2)
8. Bestechung bei den Olympischen Spielen

9.	Das Theater
10.	Musik
11.	Der Boxer Euthymos
12.	Verschwörung zur Einnahme der Akropolis von Athen
13.	Callistratus und das Gesetz
14.	Die Gesetze von Lykurgos, dem Spartaner
15.	Sparta - im Krieg mit Messenia
16.	Messenia - im Krieg mit Sparta
17.	Medea
18.	Fahnenflucht
19.	Versehentliches Töten eines Freundes
20.	Solon
21.	Miltiades
22.	Kleisthenes und die Befreiung von Athen
23.	Die Perserkriege (1)
24.	Die Perserkriege (2)
25.	Die Perserkriege (3)
26.	Die Perserkriege (4)
27.	Io
28.	Abwanderung
29.	Die Insel Delos
30.	Verbannung von Delos
31.	Falls der Himmel herabfällt
32.	Archilochos
33.	Der Tod des Archilochos
34.	Ein hölzerner Hund
35.	Auf der Suche nach einem Zuhause
36.	Frieden und Krieg
37.	Dauer des Krieges
38.	Ein besonderer Speisesaal
39.	Die Weisheit des Sokrates
40.	Goldene Ohrringe

41. Spartas Doppel-Monarchie
42. Man benötigt einen Dieb um einen Dieb zu ertappen
43. Invasion oder nicht
44. Pindar und die Fabel über den Tod
45. Der Kult um Pindar
46. Ion
47. Der Tod des Äsop
48. Kinderlosigkeit: Weinschlauch
49. Kinderlosigkeit: Pflug und Furche
50. König Minos
51. Theseus und der Minotaurus
52. Eine Dürre auf Thera
53. Sprachfehler (Thera)
54. Battos von Thera: Missgeschick
55. Battos von Thera: ein weiteres Missgeschick
56. Der Piratenkönig Polykrates
57. Diogenes der Zyniker
58. Todestrunk
59. Schwierigkeiten in Kyrene, Libyen
60. Verlust der Fähigkeit zu lachen
61. Über die Unfähigkeit, mit Lachen aufzuhören
62. Bulle
63. Weitere Bullen
64. Niederlage im Krieg
65. Ein rollender Stein
66. Bewertung
67. Hungersnot und die verletzte Gottheit
68. Die Ödipus-Sage (1)
69. Die Ödipus-Sage (2)
70. Die Ödipus-Sage (3)
71. Die Ödipus-Sage (4)
72. Die Ödipus-Sage (5)

73. Der Wahnsinn des Herkules

74. Die Leiden des Herkules

75. Der Tod des Herkules

76. Verbotene Sexualität

77. Eroberung

78. Zwei Krüge

79. Das Bankett des Thyestes

80. Orest: Die Ermordung des Agamemnon

81. Orest: Verfolgung durch die Furien

82. Orest: Wiedererlangung geistiger Gesundheit

83. Plotinus

84. Ein Philosoph von Samos

85. Tyrannei und Folter

86. Tyrannei des Phalaris

87. Der Tyrann von Ephesus

88. Gründung einer Republik in Megara

89. Bündnis

90. Philip von Makedonien

91. Rom und Karthago: Der zweite Punische Krieg

92. Cicero

93. Homer

94. Verbannung

95. Pestilenz

96. Die heilige Schlange

97. Heilung für eine unheilbare Wunde

98. Aristophanes und die drakonische Berührung

99. Aristophanes und *Der Plutos*

100. Ein delphischer Scherz des Euripides

Epilog

Quellenangaben für die Orakel

Index

Über den Autor

Dr. Myron Stagman, ein Amerikaner aus Chicago und später San Francisco, war seit seiner Schulzeit fasziniert vom klassischen Griechenland, als er von Marathon und Thermopylen, Perikles und Sokrates und vor allem von Athens berühmter Demokratie hörte. Mit seinem Doktor in englischer Literatur wurde er beides, ein Kenner und Forscher Shakespeares, wie auch der griechischen Klassik.

Sein häufig zum Ausdruck gebrachtes Anliegen: Das Wesentliche der griechischen und shakespearischen Klassik einem allgemeinen Publikum nahezubringen, um das Verständnis und die Wertschätzung dieses kostbaren Erbes zu fördern.

Die Prophezeiungen des Orakels von Delphi bieten außer ihren Geheimnissen und ihren Wundern eine gute Gelegenheit, die großartige Kultur und Geschichte des antiken Griechenlands zu beschreiben.

Weitere Arbeiten des Autors:

The Burlesque Comedies of Aristophanes

Fünf Essays über das klassische Athen (zu den Themen Demokratie, Sklaverei, Sexualität, Religion und Kriege) vermitteln lebendige Hintergrundinformationen zur detaillierten Beschreibung der elf erhaltenen sehr demokratischen, in ihrer Art derben und possenhaften Schauspiele dieses großen Meisters der Komödie.

The Athenian Acropolis & its Golden Age Background

Die Akropolis besteht nicht nur aus Monumenten. Sie ist eine Widerspiegelung der großartigen Zivilisation des klassischen Athens, seiner kulturellen Errungenschaften, seiner Persönlichkeiten und seiner lebendigen Geschichte.

A Walking Tour of Ancient Athens

Eine Karte als historischer archäologischer Führer zur klassischen Kultur Athens mit wesentlichen Informationen und Fotos. Der religiöse Zufluchtsort Akropolis, das Agora-Zentrum, Pnyx-Hügel der Demokratie, und der Friedhof Kerameikos.

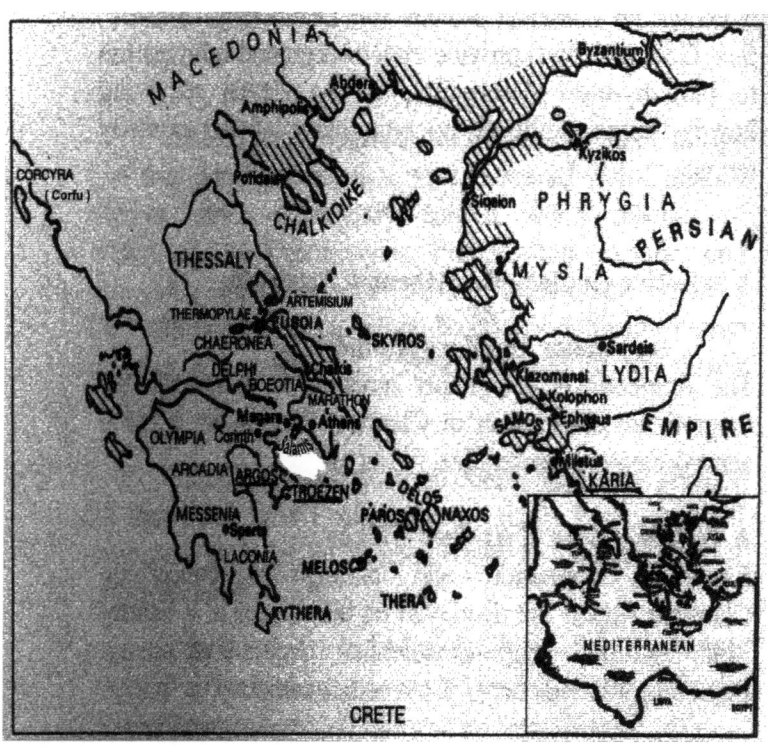

Einführung

DAS ORAKEL VON DELPHI

„Es gibt mehr Ding' im Himmel und auf Erden, als eure Schulweisheit sich träumt, Horatio."

Hamlet

DER RUHM

Während eines Zeitraumes von tausend Jahren erlangte Apollos Orakel in seinem Heiligtum in Delphi große Berühmtheit. In diesen zehn Jahrhunderten – bevor ein römischer Kaiser dem Orakel ein Ende setzte – pilgerten unzählige Menschen aus Griechenland und anderen Ländern nach Delphi, um von dort prophetischen Rat und geistlichen Segen für ihre beabsichtigten Vorhaben zu erhalten.

Nach den uns vorliegenden spärlichen Aufzeichnungen der Prophezeiungen zu urteilen, kann man sagen, dass die Voraussagen und Empfehlungen des Orakels von Delphi normalerweise nicht vieldeutig waren. Die Priesterin Pythia, die auf dem heiligen „Tripod" (Dreifuß) saß, und vom Gott Apollo inspiriert wurde, verkündete künftige Ereignisse und gab außergewöhnlich gute, klare und spezifische Ratschläge.

Es gab zu dieser Zeit viele Orakel-Stätten in Griechenland. Und Orakel-Händler, über die der griechische Lustspieldichter Aristophanes zu scherzen wusste, waren damals nichts Außergewöhnliches. Aber das Orakel von Delphi genoss während seines tausendjährigen Bestehens ein hohes Ansehen. Warum? Vor allem wegen seines erwiesenermaßen guten Rufs weiser Ratgebung.

Ob diese nun wirklich auf der spirituellen und übernatürlichen apollinischen Inspiration beruhte, muss jeder Leser für sich selbst entscheiden. In dieser Beziehung möchte ich vorsichtig darauf verweisen, dass viele der hier aufgezeigten Prophezeiungen legendär sind. Frage: Bis zu welchem Grad enthalten die Legenden einen Funken Wahrheit?

Im Vergleich dazu würde ich besonders empfehlen, mit einer gewissen Ernsthaftigkeit über das Ereignis der Nummer fünf, „Wahnsinn und Tod einer Pythia" nachzudenken. Dieses ist sehr klar dokumentiert und es ist zumindest – ein paar Gedanken wert.

Der Ruf des Orakels beruhte also vor allem auf der außergewöhnlich guten Ratgebung, offensichtlich oder vermutlich begründet in dem Wissen um künftige Ereignisse. Dieser gute Ruf des Orakels beruhte **nicht** auf seinem Reichtum (angesammelt durch Schenkungen dankbarer Spender, die kostbaren Rat erhielten, oder auch durch geringe Gebühren für geleistete Dienste); auch **nicht** auf großartiger Propaganda (von der das Orakel nicht ganz frei war); und **nicht** auf der einmaligen Schönheit der Landschaft um Delphi (welche immer ihre Schönheit behalten wird und die sogar, wie ein Poet es ausdrückte: „in Trance versetzend" wirkt).

DER URSPRUNGS-MYTHOS

Im homerischen **Apollo-Mythos** erklärt dieser Gott vom Berg Olymp seine Absicht:
Ich werde prophezeien die Wahrheit der Dinge,
auf dass im glorreichen Tempel mein Orakel singe.

Apollo stieg herab von den Höhen des Olymp, um einen geeigneten Ort für einen Orakelschrein zu finden. Schließlich kam er nach Delphi, damals Pytho genannt, am Fuße der Parnassberge, umgeben vom sprudelnden Wasser der Kastaliaquelle. Delphi befand sich im Zentrum („Nabel") der Erde, an dem Punkt, an dem sich die beiden Adler trafen, nachdem Zeus diese an den entgegengesetzt liegenden Enden der Welt befreit hatte.

Hier begegnete Apollo einer riesigen Schlange, Phyton, die ein bereits bestehendes Orakel bewachte, das von Gaia, der Göttin der Erde, gegründet wurde. Apollo tötete das Untier, um sich in dieser Region niederzulassen. Aber die Gottheit erkannte, dass es kein rechtmäßiges Töten war, zwar notwendig, aber ungerechtfertigt. Seiner eigenen Überlieferung zufolge büßte Apollo acht Jahre lang, indem er für einen Sterblichen arbeitete. Seine Blutschuld wurde ihm endlich erlassen, und so kehrte er nach Delphi zurück, um die heilige Stätte zu errichten.

Diese Buße und Demut der Gottheit – in ihrer eigenen Strenge – manifestierten sich im moralisch-geistigen Rat von Delphi. Wie die Weisheit des Sokrates, so auch in Delphi: Macht ist nicht gleich Recht. Sogar ein Gott muss zahlen.

DAS ORAKEL HEILIGTUM

Apollos heilige Stätte war gebaut. Den heiligen Aufgang zum Orakel-Tempel säumten Denkmäler und Schatzkammern. Diese zeigten Trophäen aus den Kriegen mit Persien wie die von Kaiser Xerxes benutzten Seile, mit denen der Hellespont überbrückt wurde, als die Perser 480 v. Chr. Griechenland besetzten.

Oberhalb des Tempels befand sich das griechische Theater, und darüber lag das Stadion, wo die berühmten Pythischen Wettspiele abgehalten wurden.

DIE PROPHEZEIUNGEN

Pilger, die beim Orakel Rat suchten, reinigten sich zuerst in den Wassern der Kastaliaquellen. Danach waren bestimmte Gebühren zu entrichten, deren Höhe davon abhing, ob es eine Einzelberatung war oder die Beratung einer Delegation, zum Beispiel aus einer Stadt. Der zu zahlende Betrag beinhaltete die Kosten für ein Opfertier, normalerweise einer Ziege. Das Tier wurde auf dem Altar des Tempels geopfert.

Die Priesterin des Apollo wurde Pythia genannt, nach dem früheren Namen von Delphi, Pytho (daher der Name des Drachens, Python, und unser Name für die größte Schlange der Welt). Jeden Morgen bevor sie mit ihrem Orakeldienst begann, reinigte sich Pythia durch ein Bad in den Wassern von Kastalien. Auch die Priester, die ihr zur Seite standen, haben sich gleichermaßen gereinigt.

Sobald die Opfergabe als günstig erachtet wurde, konnte die Beratung beginnen. Schüttelte sich die Ziege, wenn sie mit kaltem Wasser besprengt wurde, galt dies als günstiges Zeichen. Sobald das geschah, betraten die Priesterin, die Priester und Pilger das *Adyton*, das innere Heiligtum des Tempels. Normalerweise trugen die Pilger ihre Anfrage mündlich vor, jedoch konnte diese auch schriftlich überbracht werden. Sie sprachen direkt zu Pythia als Apollos Medium. Daraufhin bestieg sie den heiligen Tripod, um von Apollo die Inspirationen zu erhalten. Man glaubte, dass durch Rauch aus der Erde unter dem heiligen Dreifuß die Antwort Apollos übermittelt wurde.

Die Anfragen berührten unzählige Bereiche, private und öffentliche, sie betrafen Krankheiten, Seuchen, Kinderlosigkeit, Sünden und Verbrechen, Staatsführung, Kolonisation, religiöse Themen, Gesetzgebung und vieles andere mehr.

Inspiriert durch die Gottheit, gab Pythia die Antwort direkt an die anfragenden Pilger weiter, wobei es durchaus möglich war, dass einer der Priester die Rede Pythias noch erläuterte. Die verschiedenen Antworten, solche der Ratgebung, der Zustimmung oder des Verbots, hingen jeweils vom Blick in die Zukunft ab. Gewöhnlich wurden die Antworten in Prosa gesprochen, gelegentlich wohl auch in Versform. Die uns überlieferten Orakel waren klar und eindeutig, einige davon sind jedoch geheimnisvoll formuliert, ja sogar rätselhaft. Pythia war normalerweise ruhig und gut verständlich, unser Orakel Nummer fünf stellt eine seltene schreckliche Ausnahme dar.

Es ist **unwahr**, dass sich Pythia normalerweise in einen Wahnsinnszustand versetzte und unverständlich antwortete, und dass ein Priester ihr wildes Stammeln zu erklären hatte. Es ist auch **unwahr**, dass während der Prophezeiung unter dem heiligen Tripod Dämpfe aus der Erde emporstiegen.

Ich präsentiere hier hundert uns erhaltene Antworten des Orakels von Delphi. Das heißt, hundert überlieferte Orakel, die mit Apollos Tempel in Delphi tatsächlich in Zusammenhang gebracht werden, nieder-geschrieben durch Historiker oder Legende wurden. Einige von ihnen sind historisch korrekt. Viele beinhalten eine Wahrheit, aber nicht die ganze Wahrheit, an der den Historikern so sehr gelegen ist. Einem Teil davon fehlt möglicherweise die nötige Wahrheit. Viele beruhen auf Legenden und wer weiß, welche Basis den historischen

Fakten zugrunde liegt. Ein paar wenige sind ganz einfach erfunden – niemand würde einen Spaß des burlesken Aristophanes als reine Wahrheit verstehen!

Das Wichtigste ist, sich vor Augen zu führen, dass das Orakel von Delphi **Rat** erteilt hat. Dieser Rat war offensichtlich – meistens – gut, scharfsinnig, gerecht und praktisch, hin und wieder war er einfach Wunder-voll.

Hinweise

a) Zitate bezüglich der Anfragen und des Gottes Rat stammen zumeist aus den angegebenen Quellen; ich gebe diese teilweise umschrieben wieder. Die Quellen für die Zitate oder die besonderen Informationen zu den 100 Prophezeiungen sind am Ende des Buches zusammengefasst.

b) Sollte jemand den Wunsch haben, den Grad der Historizität der hier präsentierten Orakel besser zu verstehen, so können hierzu hilfreiche Informationen in Joseph Fontenroses Buch *The Delphic Oracle* (Los Angeles: University of California Press, 1978), das ich meinen Ausführungen zugrunde gelegt habe, gefunden werden.

100 PROPHEZEIUNGEN

1.

Erkenne dich selbst

Der Ratsuchende fragte nach der grundsätzlichsten und wichtigsten aller Weisheiten. Seine Frage und Apollos Antwort kommen aus der tiefsten Quelle der Philosophie.

Orakel

    Zeit: ungefähr 590 v. Chr.

    Pilger: Chilon von Sparta

    Anfrage: „Was ist das beste für den Menschen?"

    Des Gottes Rat: „Erkenne dich selbst."

Nachbetrachtung

Chilon hat weiterhin Sparta gedient als Förderer der dort bestehenden strengen sportlichen Wettkämpfe und auch mit Unterstützung der „Ephoren" als Kontrolle der Macht im Doppel-Königreich. Die Spartaner huldigten ihm auch noch lange nach seinem Tod durch Heldenverehrung. Chilon wurde verehrt als einer der sprichwörtlichen Sieben Weisen.

2.

Etwas über Wertschätzung

Ein reicher und ein armer Mann erbrachten Opfer in Delphi.

Orakel

Pilger: Nicht ganz eindeutig. Falls nur eine Person, dann war es Hermioneus, der arme Mann.

Anfrage: zum unterschiedlichen Wert von Opfergaben

Des Gottes Rat: „Hermioneus, der mit drei Fingern Gerstenkörner aus seinem Beutel opferte, gefiel Apollo besser als der Thessalier, der goldgehörnte Ochsen und vieles mehr opferte."

[Als Hermioneus dies bemerkte, schüttete er den restlichen Inhalt seines Beutels auf den Altar]. „Durch dieses Tun verärgerte Hermioneus Apollo viel mehr als er ihm vorher gefallen hatte."

Nachbetrachtung

Apollo bewertete die Opfergaben nach der Absicht des Gebenden. Ein armer Mann, der viel von seinem Wenigen abgibt, wird höher geschätzt als ein reicher Mann, der leicht ein großes Opfer bringen kann. Aber als Hermioneus alles gab, nachdem er des Gottes Lob hörte, erkannte Apollo, dass er aus Eitelkeit gehandelt hatte.

3.

König Krösus (1)

König Krösus aus Lydien war der reichste Mann der Welt. Er regierte zu der Zeit, als Kyros aus Persien das bis dahin größte Kaiserreich der Welt aufbaute.

Als Kyros zu mehr Macht gelangte, beschloss Krösus, ihm Einhalt zu gebieten. Der lydische König suchte Rat bei verschiedenen Orakeln, zunächst um diese zu prüfen und das Ausmaß ihres Einblickes und ihrer Weisheit kennen zu lernen. Und so sandte Krösus auch eine Abordnung zum Delphischen Orakel des Apollo.

Orakel

Zeit: 548 v. Chr.

Pilger: Abordnung des Königs Krösus

Anfrage: „Was macht König Krösus aus Lydien jetzt?"

Des Gottes Rat: „Ich kenne die Zahl der Sandkörner und die Ausmaße des Meeres. Ich höre die Menschen, die nicht sprechen, und die Stummen, die nicht sprechen können. Ich rieche eine gepanzerte Schildkröte, die mit Lammfleisch in einem Bronzekochtopf gekocht wird, der einen Bronzeboden und einen Bronzedeckel hat."

Nachbetrachtung

Krösus war von dieser Antwort beeindruckt.

4.

König Krösus (2)

Zwei Jahre nach Prüfung des Orakels in Delphi sandte Krösus erneut eine Abordnung, dieses Mal um sich das Ergebnis seines geplanten Krieges gegen Kyros aus Persien voraussagen zu lassen.

Orakel

Pilger: Abgesandte des Königs Krösus

Anfrage: „Soll König Krösus einen Krieg gegen Persien führen?"

Des Gottes Rat: „Falls Krösus einen Krieg gegen Persien führt, wird er ein großes Königreich vernichten."

Nachbetrachtung

Krösus führte Krieg gegen die Perser und sein eigenes großes Königreich wurde zerstört.

5.

Wahnsinn und Tod einer Pythia

Plutarch war Grieche und lebte während des Römischen Reiches. Er ist einer der großartigsten Schriftsteller der gesamten Literatur, der beste Biograph, ein unübertroffener Essayist der moralischen Weisheit, und ein großer Stilist. Er war ein interessanter Mann, der Priester wurde und in Apollos Orakel in Delphi diente.

Ich zitiere aus Plutarchs *Moralia (438a-b)* das folgende sehr merkwürdige Ereignis. Es geschah ungefähr um 100 n. Chr.

„Jedes Mal, wenn sich die phantasievolle und prophetische Begabung im richtigen Zustand befindet, um sich auf den Geist einzustimmen, muss die Inspiration zwangsläufig zu denen kommen, die die Zukunft voraussagen. Und jedes Mal, wenn die Bedingungen nicht so sind, wird sie zwangsläufig nicht kommen; oder wenn sie kommt, wird sie irreführend, abnormal und verwirrend sein, wie wir im Fall der Priesterin wissen, die vor kurzem starb.

Es geschah, dass eine Delegation vom Ausland nach Delphi kam, um das Orakel zu befragen. Das Opfertier, so wird berichtet, bewegte sich überhaupt nicht als es zum ersten Mal mit Wasser begossen wurde. Aber die Priester gingen, in ihrem Eifer zu gefallen, weit über ihre Gewohnheit hinaus, und erst als das Opfer in einer Wasserflut fast ertrank, gab es auf. (Indem es sich schüttelte, war das Zeichen gegeben, dass nun der Moment für eine Weissagung günstig war.)

Was hat die Priesterin hierbei berührt? Sie ging hinunter ins Orakel, widerwillig und halbherzig - so wird berichtet - und bei ihrer ersten Antwort war aus der Schroffheit ihrer Stimme zu erkennen, dass etwas nicht richtig war. Sie war wie ein schwerfälliges Schiff und befand sich in einem bösen Geisteszustand.

Schließlich wurde sie hysterisch und stürzte mit einem furchtbaren Schrei zum Ausgang, warf sich auf den Boden mit dem Ergebnis, dass nicht nur die Mitglieder der Delegation flohen, sondern auch der Orakeldolmetscher Nicander und die anwesenden Geistlichen.

Nach einer kleinen Weile jedoch gingen sie hinein und hoben sie hoch, sie war noch bei Bewußtsein und lebte noch ein paar Tage."

6.

Die Olympischen Spiele (1)

Die ersten Olympischen Spiele fanden im Jahr 776 v. Chr. statt.

Dies waren wahrscheinlich die ersten offiziellen Sportwettkämpfe zwischen einzelnen Staaten.

Apollos Orakel in Delphi scheint von frühen Zeiten an ein nachdrücklicher Förderer der panhellenischen Spiele gewesen zu sein, mit der Absicht, die streitsüchtigen und zerstrittenen griechischen Stadtstaaten zusammenzubringen.

Die Pythischen Spiele von Delphi standen an zweiter Stelle hinter Olympia, dem Ort der bedeutendsten panhellenischen athletischen Wettkämpfe.

In diesem Orakel erbitten drei Führer des Peloponnes die Zustimmung des Apollo von Delphi zur Wiederaufnahme der Olympischen Festspiele einschließlich der Wettkämpfe. Ihr letztendliches Ziel war es, dem Land Frieden zu bringen.

Orakel

Zeit: ungewiss, 7. Jahrhundert v. Chr.

Pilger: Lykurgos von Sparta, König Iphitos von Elis, Kleosthenes von Pisa. (Elis und Pisa liegen im Nordwesten des Peloponnes, Sparta im Süden.)

Anfrage: „Kann der Gott die Wiederaufnahme der Olympischen Festspiele gutheißen?"

Des Gottes Rat: „Sie sollten dies tun, und sie sollten die Städte, die an den Wettspielen teilnehmen möchten, zu einer Waffenruhe verpflichten."

7.

Die Olympischen Spiele (2)

7. Jahrhundert v. Chr. König Iphitos von Elis kam nach Delphi wegen weitverbreiteter Zwietracht und Pestilenz in Griechenland.

Orakel

Pilger: König Iphitos von Elis

Anfrage: „Was kann getan werden in dieser Not?"

Des Gottes Rat: „Nehmt die Olympischen Wettspiele wieder auf!"

Nachbetrachtung

In einem anderen Orakel kam Lykurgos von Sparta unter ähnlichen Umständen nach Delphi. Die Antwort war: „Zeus hat euch Hungersnot und Pestilenz geschickt, da ihr seine Olympischen Festspiele vernachlässigt habt, die von Peisos, Pelops und Herkules gegründet wurden. Ihr könnt die Pestilenz beenden, wenn ihr die Festspiele wieder aufnehmt."

8.

Bestechung bei den Olympischen Spielen

Bei den 112. Olympischen Spielen 332 v. Chr. kam Callippos von Athen in den Fünfkampf. Dieser Wettkampf bestand aus fünf Sportarten: Laufen, Hochsprung, Ringkampf, Diskuswerfen und Speerwerfen.

Callippos wurde glaubhaft beschuldigt, seine Gegner bestochen, und diese wurden wiederum glaubhaft angeklagt, die Bestechungen angenommen zu haben. Für diese empörende Verletzung der Olympischen Regeln verurteilten die Eliser aus der Gaststadt Elis alle Beschuldigten zu einer Geldstrafe.

Die Athener wollten, dass die Bestrafung rückgängig gemacht werde; die Eliser jedoch lehnten den Wunsch ab. Athen verweigerte daraufhin die Zahlung der Strafe und boykottierte die Olympischen Spiele.

Orakel

Pilger: irgendjemand aus Athen

Anfrage: offensichtlich hätte dies jedes Thema betreffen können

Des Gottes Verfügung: „Apollo wird kein Orakel an die Athener geben, bis sie die Strafe an die Eliser zahlen."

9.

Das Theater

Dionysos war der Schutzpatron des griechischen Theaters. Es gab in verschiedenen Teilen Griechenlands Festspiele zu Ehren dieses Gottes, bei denen Dramen-Wettbewerbe veranstaltet wurden. Dramatiker aus Athen wie Äschylus, Sophokles, Euripides und Aristophanes präsentierten ihre Stücke bei den Dionysischen Festspielen, die in Athen gefeiert wurden.

Orakel

Zeit: vor 167 v. Chr.

Pilger: Dionysische Gesellschaft aus Ionia und Hellespont

Anfrage: wahrscheinlich eine Bitte um mehr Sicherheit

Des Gottes Rat: „Die Dionysischen Künstler müssen in Krieg und Frieden beim Wettstreit das Recht auf Asyl und Sicherheit haben, und dies gilt für die Festspiele des Apollon Pythios, die Heliconischen Musen und des Herkules, die Pythischen Festspiele und das Soteria-Fest in Delphi, die Museia in Thespiai und die Heracleia in Theben."

Nachbetrachtung

Das Delphische Orakel hat offensichtlich das

Theater unterstützt, und ich nehme an, dies war eine lang verfolgte Politik des berühmtesten Apollo-Tempels. Das Theater von Delphi befand sich oberhalb des Orakel-Heiligtums.

10.

Musik

Apollo war ein Gott der Musik. Er erfand die Laute und es wird erzählt, dass er die Leier bevorzugte, die er recht lobenswert spielte. Man kann sich vorstellen, dass er dem kriegerischen Achilles, dem Helden, ein Beispiel geben wollte, dessen Gesang und Leierspiel man weithin hören konnte.

Orakel
Pilger: Hellenen (Griechen aus dem ganzen Land)
Anfrage: „Unsere Felder sind unfruchtbar. Was können wir tun, um Apollos Zorn zu besänftigen?"
Des Gottes Rat: „Sie sollten musikalische Wettbewerbe für den Delphischen Apollo gründen."

Nachbetrachtung
Musik war wichtig im Griechenland der Antike. Sie hatte einen festen Platz in der Erziehung, in der Religion, bei Festspielen, Banketten, Begräbnisfeiern und im griechischen Drama, wo Chöre sangen und tanzten.

Bei den Festspielen von Delphi wurden seit jeher Musikwettbewerbe in Gesang und Instrumentenspiel abgehalten. Solche Wettbewerbe mit Preis- und Ehrenauszeichnungen für die Sieger wurden bei vielen Festspielen angeboten.

11.

Der Boxer Euthymos

Statuen des großen Boxers Euthymos wurden - so wird berichtet - vom Blitz getroffen, und zwar sowohl in Olympia als auch in Lokris, seinem Geburtsort in Italien. Und dies geschah am gleichen Tag.

Euthymos wurde noch zu Lebzeiten als großer Held verehrt.

Orakel

Zeit: circa 470 v. Chr.

Pilger: Leute aus Lokris

Anfrage: Wahrscheinlich aus Angst fragten sie, wie sie sich schützen könnten.

Des Gottes Rat: „Rituelle Opfergaben sollten Euthymos dargebracht werden.“

Nachbetrachtung

Die griechischen Opfergaben waren – selbstverständlich - heilige Riten. Diese beinhalteten Gaben für die Götter (oder hier, an eine außergewöhnliche Person), Gebete, und ein gemeinsames Mahl.

Die Leute aus Lokris brachten Euthymos wiederholt ihre Opfergaben dar – zu seinen Lebzeiten und nach seinem Tod.

12.

Verschwörung zur Einnahme der Akropolis von Athen

Kylon war ein Athener und Aristokrat von Geburt, er hatte beträchtlichen Einfluß und war verheiratet mit der Tochter des Tyrannen von Megara. Er war ein energischer und starker Mann und auch Sieger bei den Olympischen Spielen. Kylon war politisch ehrgeizig und wollte sich selbst zum Herrscher von Athen machen. Ungefähr um 650 v. Chr. besuchte er das Orakel von Delphi.

Orakel

Pilger: Kylon von Athen

Anfrage: Offensichtlich im Zusammenhang mit einer Verschwörung, die Akropolis von Athen zu erobern. Er hatte Anhänger in Athen und die Unterstützung einer militärischen Streitmacht aus Megara.

Des Gottes Rat: „Besetze die Akropolis von Athen am größten Festtag zu Ehren des Zeus."

Nachbetrachtung

Kylon war zuversichtlich, dass das Orakel erfüllt würde. „Der größte Festtag für Zeus" konnten nur die Olympischen Festspiele sein, die im Rahmen der sportlichen Wettkämpfe abgehalten wurden. Es schien bedeutungsvoll, dass er selbst dort schon einmal einen Triumph erzielt hatte. So plante er den Überfall für die nächsten großen Olympischen Festspiele.

Der Versuch Kylons und seiner Verbündeten, die Akropolis zu erobern, endete mit einem Fehlschlag. Er flüchtete ins Exil; viele seiner Anhänger wurden getötet.

Apollo meinte den größten Festtag für Zeus in **Athen,** nicht in ganz Griechenland. Es war die Diasia, auf die er sich bezog.

13.

Callistratus und das Gesetz

Callistratus, ein Staatsmann aus Athen, war angeklagt und in *Abwesenheit* zum Tode verurteilt. Vom Exil aus ging er nach Delphi, um Rat zu erbitten.

Orakel

Zeit: Mitte des 4. Jahrhunderts v. Chr.

Pilger: der Athener Callistratus

Anfrage: Anscheinend fragte er: „Werde ich unter dem Schutz des Gesetzes stehen, wenn ich nach Athen zurückkehre?"

Des Gottes Rat: „Wenn er nach Athen zurückkehrt, wird das Gesetz Anwendung finden."

Nachbetrachtung

Callistratus ging nach Athen zurück und wurde hingerichtet.

Das Orakel sagt, er werde dem Gesetz gemäß behandelt. Es sagt nicht, dass das Gesetz ihn schützen werde.

Offensichtlich war Callistratus eine gewissenhafte Person mit guten Absichten, der ein ungerechtes Ende nahm. Aber das ist nur mein Eindruck aufgrund dürftiger Informationen. Eines kann jedenfalls mit Sicherheit gesagt werden: Es bedarf mehr als ehrenhafter Absichten, um in der Welt der Politik voranzukommen.

14.

Die Gesetze von Lykurgos, dem Spartaner

Frühes 7. Jahrhundert v. Chr. Die halb-legendäre Gestalt des Lykurgos wurde in der spartanischen Regierung und Gesellschaft wegen seiner vorgenommenen Verfassungsänderungen verehrt, die zu Spartas Bedeutung in der Geschichte führen sollten. Grundsätzliche Reformen beinhalteten eine Neuorganisation der Bevölkerung (wahrscheinlich einschließlich einer gewissen Gleichstellung der Rechte in der Politik und des Eigentums), staatliche Kontrolle der Bevölkerung von Geburt an, Militarisierung der männlichen Bürger und die Einprägung asketischer soldatischer Tugenden, Maßnahmen gegen die Anhäufung von persönlichem Reichtum, Maßnahmen, um den Handel zu begrenzen, und die Münzprägung faktisch als ungesetzlich zu erklären, sowie strenge Regeln gegen Prestigekäufe.

Die Regierung war eine eigenartige Mischung aus Monarchie (zwei Könige), Oligarchie (Rat der Gerusia - Ältestenrat) und Demokratie (eine Versammlung aller männlichen Spartaner älter als 30). Zusätzlich gab es fünf „Ephoren", um die Geschäfte der Regierung zu überprüfen und mit besonderer Aufmerksamkeit - so scheint es - die Macht der Könige zu überwachen.

Spartanische Frauen wurden freier und einflussreicher als die Frauen in Athen. Vermutlich haben die frühen Gesetze dies irgendwie gefördert.

Diese Gesetze, oder deren Hauptgrundbegriffe, bewirkten den Aufschwung zu einer der besten Landstreitkräfte, die es je gab, zu einer der konservativsten Gesellschaften die es je gab, und zu einem der asketischsten (**spartanisch**) und zähesten Völker, die es je gegeben hat.

In welchem Ausmaß zu all diesen Verfassungsänderungen im frühen 7. Jahrhundert v. Chr. Übereinstimmung erzielt wurde, ist nicht wirklich bekannt. Inwieweit der Gesetzgeber Lykurgos für diese verantwortlich war, ist nicht bekannt. Aber sicher ist, dass Lykurgos oder eine Delegation aus Sparta in dieser Zeit nach Delphi kam, um geistlichen und prophetischen Segen für diese Reformen zu erbitten, von deren Ergebnis die Geschichte Zeuge wurde.

Orakel

Pilger: Lykurgos oder eine Delegation aus Sparta

Anfrage: „Sind die erlassenen Gesetze ausreichend, um Wohlstand und Tugend in unserer Stadt zu fördern?"

Des Gottes Rat: „Die Gesetze, die ihr erlassen habt, sind gut, und die Stadt wird ihr hohes Ansehen bewahren, solange sie der Politik des Lykurgos folgt."

Nachbetrachtung

Auf einem schmalen Pass in Thermopylen haben 480 v. Chr. 300 Spartaner Tausende gutausgebildete und gutgerüstete Krieger der unbesiegbaren persischen Armee tagelang aufgehalten. Am Morgen vor dem Kampf schauten die persischen Adligen mit wachsendem Respekt zu, wie sich die Spartaner in einem Ritual ihr langes Haar kämmten. Nachdem die 300, einschließlich des Königs Leonidas, endlich überwältigt und erschlagen waren, (die

Angreifer waren informiert, wie sie die Verteidiger von zwei Seiten erreichen konnten), fragte ein persischer Befehlshaber in ehrfurchtsvollem Ton,

*Wie viele **mehr** von ihnen gibt es noch?*

Die Schlacht von Thermopylen war - wie wir aus der Gesamtsicht der Perserkriege wissen - nicht umsonst. Sie stärkte die Moral der Griechen, insbesondere der Athener - eine sensationelle Inspiration - und festigte den Widerstand gegen die Eindringlinge. Vielleicht war sie, mehr als alles andere, eine militärische Lektion, die der große Themistokles lernen konnte.

15.

Sparta - im Krieg mit Messenia

Während des ersten Messenischen Krieges mit dem benachbarten Messenia wurde Sparta im Kampf durch den gegnerischen Helden Aristodemus besiegt.

Orakel

Zeit: ungefähr 725 v. Chr.
Pilger: eine Delegation von Sparta
Anfrage: „Was ist zu tun im Krieg?"
Des Gottes Rat: (in Versform)
„Apollo rät nicht nur zu Taten der Stärke.
Durch List haben die Messener das Land be-
kommen, durch List sei es von euch gewonnen."

16.

Messenia - im Krieg mit Sparta

Die Spartaner belagerten die messenische Festung von Ithome.

Orakel

Zeit: ungefähr 725 v. Chr.

Pilger: König Aristodemus von Messenia

Anfrage: Es geht um die Kriegsführung im allgemeinen und wahrscheinlich um das Problem in Ithome im besonderen.

Des Gottes Rat: „Hütet euch vor List und Tücke, denn diese bringen den Spartanern den Sieg. Sie werden das Fort einnehmen, wenn die zwei ihr Lauern beenden, und das Ende wird kommen, sobald das Schicksal die sich ändernde Natur einholt."

Nachbetrachtung

„Die zwei" sind die zwei Augen des Wahrsagers Orphioneus. Er wurde blind geboren, gewann sein Augenlicht (die sich verändernde Natur) und verlor es wieder (eingeholt vom Schicksal). Nachdem der Wahrsager sein Augenlicht verloren hatte, kam Missgeschick über die Messener.

Die Eroberung Messenias stellte ein richtungsweisendes Ereignis in der spartanischen Geschichte dar.

Sparta nahm Sklaven oder machte einen großen Teil der Bevölkerung zu Leibeigenen. Diese „Helots" machten die landwirtschaftliche Arbeit für die Spartaner, die sich selbst zielbewusst der Kultivierung ihrer kriegerischen Tugenden hingaben.

17.

Medea

Die barbarische Prinzessin und Zauberin Medea verliebte sich in den Argonauten Jason. Um ihm zu helfen, das Goldene Vlies zu erobern, und seine Liebe fordern zu können, war sie bereit, Verbrechen zu begehen, bis hin zum Mord.

Sie heirateten, hatten zwei Söhne, und ließen sich schließlich in Korinth nieder. Dort verließ der ehrgeizige Jason Medea, um die Tochter des Königs von Korinth zu heiraten.

Medea tötete ihre Rivalin, indem sie diese mit den ihr geschenkten vergifteten Kleidern leibhaftig verbrannte. Danach unternahm sie den letzten Schritt, um Jason einen noch stärkeren Stoß zu versetzen, und brachte ihre beiden Söhne um.

Aus dem folgenden Orakel ist zu sehen, dass die Bürger von Korinth durch dieses schreckliche Ereignis verwirrt und voller Angst waren. Sie sandten eine Delegation nach Delphi.

Orakel
Pilger: Bürger von Korinth
Anfrage: „Was sollen wir mit den Leichen der ermordeten Kinder von Medea und Jason machen?"

Des Gottes Rat: „Beerdigt die Söhne von Jason und Medea im Heiligtum von Hera. Lasst ihnen ein Heldenbegräbnis zuteil werden."

Nachbetrachtung

Dieser Rat sollte den Seelen der umgebrachten Kinder Frieden bringen.

18.

Fahnenflucht

Räuber überfielen drei Freunde. Einer davon konnte entkommen. Er ist hier der Pilger.

Orakel

Pilger: ein junger Mann

Anfrage: vielleicht aus dem Wunsch heraus, Apollos moralisches Urteil zu seinem Verhalten zu erfahren, oder eine Frage zu irgendeiner anderen Sache

Des Gottes Rat: „Dein Freund starb und du standest daneben, ohne ihm zu helfen. Ich gebe dir kein Orakel. Hinaus aus dem Tempel!"

19.

Versehentliches Töten eines Freundes

Als Räuber die drei Freunde überfielen und einer davon floh, kämpften die anderen zwei tapfer weiter mit den Verbrechern. Als ein Verteidiger sich gegen einen Räuber wehrte, wollte ihm der andere helfen. Unglücklicherweise verfehlte sein Schwert den Räuber und traf den Freund, er tötete ihn.

Der versehentliche Mörder seines Freundes überlebte den Kampf und machte sich auf den Weg nach Delphi.

Orakel

Pilger: ein junger Mann, der Überlebende des Kampfes

Anfrage: er muss wegen seiner Schuld gefragt haben

Des Gottes Rat: „Du verteidigtest deinen Freund, den du getötet hast. Du hast keine Blutschuld. In der Tat, aufgrund deiner guten Absicht sind deine Hände jetzt reiner als zuvor."

20.

Solon

Ungefähr zu Beginn des 6. Jahrhunderts (590 v. Chr.) befand sich Athen in einer schweren Krise. Die Reichen und die Armen des Landes gingen sich in der Tat gegenseitig an die Kehle. Um Blutvergießen zu vermeiden, suchten die streitenden Parteien nach einem Vermittler und einem Gesetzgeber. Sie einigten sich auf Solon, eine Persönlichkeit mit hohen Verdiensten. Er war akzeptabel für die Reichen, da er selbst vermögend und auch gebildet war. Die Armen konnten ihn annehmen wegen seines wohlverdienten Rufes eines ehrlichen und vertrauenswürdigen Mannes.

Orakel
Pilger: Solon, der Athener
Anfrage: Wie soll regiert werden?
Des Gottes Rat: „Es ist deine Aufgabe, das Schiff zu lotsen. Nimm deinen Platz in der Mitte des Schiffes. Du hast viele Verbündete in Athen."

Nachbetrachtung
Die Reformen Solons lieferten die Vorarbeiten für das, was sich dann zur berühmten Demokratie Athens entwickeln sollte.

Er unterstützte die reichen Aristokraten indem er Gewalttätigkeiten verhinderte, und eine Umverteilung des

Grundbesitzes durch Enteignung der Reichen zugunsten armer Bauern ablehnte.

Auf der anderen Seite erklärte er die Schulden der Armen für ungültig, was von grundsätzlicher und langfristiger Bedeutung war. Und er verbot Schuldknechtschaft. Er stärkte die Bürgerversammlung und bildete den Boule (einen Volksrat von 400), um die Versammlung vorzubereiten, was ein Gegengewicht zum Oligarchischen Areopag-Gericht darstellte.

Solon schaffte die drakonischen Gesetze des Drakon ab - mit Ausnahme des Totschlags. (Wenn Drakon gefragt wurde, warum die meisten Gesetzesübertretungen mit dem Tode bestraft werden, antwortete er: Die kleineren Straftaten verdienen den Tod, und ich kann mir keine schwerere Strafe denken für die großen.) Solon führte einen humanen Gesetzeskodex ein.

Ebenfalls von grundsätzlicher und langfristiger Bedeutung war, dass Solon allen Bürgern einen bestimmten Anteil an den Regierungsgeschäften einräumte. (Gleichstellung sollte später kommen.) Und er machte das Leben erträglich - praktisch für jedermann.

Solon - so kann man sagen - setzte sich selbst „in die Mitte des Schiffes", mehr oder weniger gleichweit entfernt von den Reichen und den Armen. Darüber hinaus muss Solon viele Wohlgesonnene und Gehilfen in Athen gehabt haben, um Reformen einzuführen und wieder Frieden zwischen den extrem gegensätzlich sozialpolitischen Klassen herzustellen.

21.

Miltiades

Ungefähr 560 v. Chr. beabsichtigte Athen, den Thrakischen Chersones (in Kleinasien, nordöstlich von Griechenland) zu besiedeln.

Orakel

Pilger: Bürger aus Athen

Anfrage: „Wer ist der beste Mann, um dieses Unternehmen zu leiten?"

Des Gottes Rat: „Sie sollten Miltiades als Führer benennen. Wenn sie das tun, so wird ihre Unternehmung erfolgreich sein."

Nachbetrachtung

Der Neffe dieses Mannes, der auch Miltiades hieß, war einer der wirklich großen Männer in der griechischen Geschichte. 490 v. Chr. haben die Perser unter Kaiser Darius auf dem Weg nach Athen Marathon besetzt. Miltiades hat die unterlegene athenische Armee so großartig geführt, dass sie die Perser in der Ebene von Marathon dezimieren konnte.

Die Athener verbrannten ihre Toten, (wie auch der trojanische Held Hektor verbrannt wurde, s. *Ilias*), dann marschierten sie eilends 40 km nach Hause. Die persische Flotte segelte in Richtung Athen, um dort einen Überraschungsangriff auszuführen, aber die Armee des Miltiades kam rechtzeitig zurück und konnte die Stadt sichern. Sie machten ein großes Geschrei, als die Perser sich näherten.

Die Armada kehrte nach Asien zurück, aber nicht für immer. Zehn Jahre später kamen sie wieder, dieses Mal unter Xerxes, des Darius' Sohn. Aber dann hatten sie sich mit einem athenischen Führer auseinanderzusetzen, der mindestens ebenso großartig war wie Miltiades, dem Genie Themistokles, der Griechenland in den Meeresstraßen von Salamis rettete.

(Plutarch berichtet in seinen „Leben" von Themistokles, dass der Held in seiner Jugend entscheidend von den Taten des Miltiades beeinflusst wurde.)

22.

Kleisthenes und die Befreiung von Athen

Im späten 6. Jahrhundert v. Chr., vor Anbruch der Demokratie in Athen, wurde der Stadt-Staat von der Pisistratiden-Tyrannei regiert. (Tyrannei bedeutete ursprünglich Regierung durch eine Person, Monarchie oder Diktatur, nicht notwendigerweise eine grausame oder tyrannische.) In aller Fairness kann man sagen, dass der „Tyrann" Pisistratus ein fähiger, sogar gutmütiger und wohlwollender Herrscher war. Er regierte bis zu seinem Tod 527 v. Chr., Nachfolger wurde sein Sohn Hippias.

Kleisthenes war das führende Mitglied einer reichen und mächtigen aristokratischen Familie, der Alkmäoniden. (Perikles war der Sohn einer Alkmäoniden-Mutter.) Sie stritten sich mit Hippias und verließen Athen. Im Exil versuchten Kleisthenes und seine Familie, einen Aufstand gegen die Pisistratiden anzuzetteln.

Nach dem Tod des Pisistratus wurde Hipparchos Stellvertreter seines Bruders Hippias. Als Hipparchos einem Attentat zum Opfer fiel, begann Hippias Methoden anzuwenden, die man berechtigterweise tyrannisch nennen konnte, irgendwo sogar verständlich, nachdem was seinem Bruder geschehen war.

Kleisthenes überzeugte in Delphi die Bürger und das Orakel mit dem klugen Einsatz von Worten und finanziellen Mitteln (514 haben die Alkmäoniden den

Tempel wiedererbaut), dass die Tyrannei des Hippias gestürzt werden sollte. (Die Spartaner sagten später in ihrer lakonischen Art, daß Kleisthenes Pythia bestochen habe.) *

Orakel

Zeit: 510 v. Chr.

Pilger: Alle Spartaner, die das Orakel während dieser Zeit befragten, erhielten die gleiche Antwort.

Des Gottes Rat: „Befreit Athen!"

Nachbetrachtung

Sparta tat es. Eine spartanische Armee überfiel Athen und vertrieb Hippias. (Er machte sich auf den Weg zum persischen Hof von Darius. Zwanzig Jahre später begleitete er die persische Armee, die in Marathon einfiel.)

Kleisthenes und seine Familie kehrten in ihre Stadt zurück. Dort sah er sich mit einer ähnlichen Situation konfrontiert wie vordem Solon. Kleisthenes schloss sich den Demokraten von Athen an, um eine Demokratie aufzubauen. Als deren Führer setzte er Reformen durch, die den früheren demokratischen Reformen des Solon wirkliche Durchschlagskraft verliehen. Damit waren die Bürger (**Demos**) die höchste Autorität in Athen.

* lakonisch = Lakonia = ein anderer Name für Sparta

23.

Die Perserkriege (1)

481/480 v. Chr. Eine gewaltige persische Armee und eine Armada besetzten Griechenland – 10 Jahre nach der Schlacht von Marathon. Persönlich angeführt von Kaiser Xerxes, war dies eine sehr viel massivere Invasion als die vorhergehende. Das Delphische Orakel hätte durch wundersames Hellsehen voraussagen können, was wirklich geschehen würde.

Orakel

Pilger: eine Delegation aus Athen

Anfrage: keine, da Pythia sofort zu sprechen begann, nachdem sie sich gesetzt hatten

Des Gottes Rat: „Oh, ihr bedauernswerten Männer, warum sitzt ihr hier? Fliegt zum Ende der Erde, verlasst eure Häuser und eure Stadt. Alles wird in Schutt und Asche fallen – Köpfe, Hände, ganze Leiber. Feuer und Mars, Gott der Kriege, vernichten alles. Viele Festungen werden ausgelöscht, nicht nur die eurigen allein. Viele Tempel werden durch Feuer zerstört und schwarzes Blut wird von ihren Dächern tropfen, dies bedeutet unabwendbares Leid.

Geht aus dieser heiligen Stätte, und wappnet euch mit Mut, um dem Missgeschick zu begegnen."

Nachbetrachtung

Das Orakel antwortete hier mit konventioneller Weisheit, unprophetisch, wie sich herausstellte. Ehrlich gesagt, kann man nur vermuten, dass Delphi von den triumphierenden Persern nicht als Feind betrachtet werden wollte, was alle Griechen gegen die Eindringlinge hätte vereinen können.

24.

Die Perserkriege (2)

Athen erhielt das erste Orakel und sandte daraufhin eine neue Delegation nach Delphi. Die Gesandten kamen nicht nur als Fragende sondern als Bittsteller mit Lorbeerzweigen um Rat flehend. Dies war kurz vor Thermopylen und Artemision.

Orakel

Pilger: eine Gesandtschaft aus Athen

Anfrage: „Gebe uns ein besseres Orakel für unser Land; respektiere diese ‚flehenden Zweige' die wir halten. Andernfalls werden wir das *Adyton* nicht verlassen, wir werden hier bleiben bis wir sterben."

Des Gottes Rat: „Pallas [Athene, Schutzgöttin von Athen] kann trotz ständiger Überredungsversuche, sowie Gebeten und flehentlichem Bitten Zeus nicht besänftigen. Dennoch werde ich eine zweite und unabänderliche Prophezeiung machen: Wenn ganz Attika eingenommen ist, wird Zeus Athene eine hölzerne Mauer genehmigen. Diese allein wird unversehrt bleiben und euch und euren Kindern helfen. Wartet weder auf das Herannahen der Reiter [die Perser waren berühmt für ihre Kavallerie] noch auf die Ankunft der Infanterie vom Festland. Sondern kehrt um und geht. Der Tag wird kommen und ihr begegnet einander wieder.

Oh, göttliches Salamis, viele Nachkommen der Männer und Frauen werden umkommen – entweder zur Zeit der Saat oder zur Zeit der Ernte."

Nachbetrachtung

Themistokles, der seinerzeit berühmteste Führer der athenischen Demokratie, hat sich in dieser verzweifelten Lage eine kühne und sensationelle Verteidigungsstrategie ausgedacht. (Viele nannten es **Wahnsinn.**) Er wollte Athen evakuieren, sie sollten Zuflucht nehmen auf ihren Schiffen und auf der Insel Salamis, 17 km entfernt im Saronischen Golf. Themistokles wollte alles auf einen Seekampf in der Meeresenge vor Salamis ankommen lassen.

Themistokles benutzte dieses zweite Orakel von Delphi für sich als Vorteil bei der schwierigen Aufgabe, die Athener zu überzeugen, seinem Vorschlag zu folgen. Er deutete die „hölzerne Mauer" als eine Mauer aus Schiffen. Und er muss auch den Ausdruck „göttliches Salamis" verwendet haben.

Die Athener folgten Themistokles aus Athen. Die Perser plünderten die Stadt und zerstörten die Tempel auf der Akropolis. Danach folgten auch sie Themistokles, der sie in die engen Meeresstraßen vor Salamis lockte. Dann, in einer der bedeutendsten Schlachten der Geschichte, haben die zahlenmäßig weit unterlegenen athenischen Schiffe die dicht gedrängte persische Armada geschlagen; auf diesem engen Raum konnten die Athener mit ihren Speeren die berühmten persischen Bogenschützen dezimieren.

25.

Die Perserkriege (3)

Für einen Moment muss man vergessen, was auf Salamis geschehen wird. Die mächtige persische Armee und Flotte landeten im Norden Griechenlands bevor sie in Richtung Athen vorstießen. Sie stellten einmal eine Bedrohung für Delphi und den enormen Reichtum des Apollo-Tempels dar, wie auch für ganz Griechenland.

Orakel

Zeit: 480 v. Chr.

Pilger: Bürger aus Delphi

Anfrage: Sicherlich eine Bitte um Hilfe in einer offensichtlich hoffnungslosen Lage.

Des Gottes Rat: „Betet zu den Winden. Sie werden beweisen, mächtige Verbündete Griechenlands zu sein."

Nachbetrachtung

Die persische Armee erstürmte Thermopylen, wo die 300 Spartaner und ihre Verbündeten den Pass gegen sie verteidigten. Die persische Armada segelte zum Kap Artemision, wo sie mit der athenischen Flotte zusammentraf. Die athenischen Schiffe kämpften gegen eine große Übermacht, konnten jedoch in drei Schlachten ihre Stellung halten.

Es ist eine Tatsache, dass in Artemision ein gewaltiger Sturm aufkam, der mit heftigsten **Winden** die Schiffe drei Tage lang attackierte. Die Perser verloren durch diesen fürchterlichen Sturm ungefähr 20 % ihrer

Kriegsschiffe und vielleicht die gleiche Anzahl an Transportschiffen. Die stürmischen Winde und riesigen Wellen haben den athenischen Schiffen nur wenig geschadet.

26.

Die Perserkriege (4)

480 v. Chr. Die Furcht vor dem persischen Angriff auf Delphi wurde immer größer. Zu dieser Zeit waren die Spartaner bereits in Thermopylen überwältigt und die Athener kehrten zurück, um Athen zu bewachen. Eine persische Abordnung marschierte in Richtung Delphi.

Orakel

Pilger: Bürger aus Delphi

Anfrage: „Sollten wir die heiligen Schätze in der Erde verstecken oder diese in eine andere Region bringen?"

Des Gottes Rat: „Bewegt diese nicht, Apollo kann sein Eigenes beschützen."

Nachbetrachtung

Die Seeschlacht bei Salamis und die abschließende Schlacht auf dem Landweg in Platää ein Jahr später entschieden die Angelegenheit zwischen Griechenland und Persien. Danach verließen die Perser Griechenland für immer.

Apollo hat offensichtlich sein Eigenes beschützt. Dies geschah, zugegeben, mit ein wenig Hilfe des Themistokles und der griechischen Stadtstaaten, vereint im Widerstand gegen die „unschlagbare" Armee und Armada des Perserreiches.

Die Griechen waren so glücklich, sie verziehen sogar dem Delphischen Orakel die schreckliche Prophezeiung, indem sie Apollos Heiligtum mit Geschenken beehrten. Auch ein Orakel kann hin und wieder Opfer einer konventionellen Weisheit sein.

(Jedoch das **zweite** Orakel bezüglich der **hölzernen Mauer**....?)

(Und betet zu den **Winden**....?)

27.

Io

So wie Königin Hekuba von Troja so ist auch Io der Inbegriff einer leidenden Person. Sie erregte Zeus' Begierde und Heras Eifersucht.

Inachos, Ios Vater, suchte Rat in Delphi wegen der schrecklichen Träume seiner Tochter.

Orakel

Pilger: Inachos

Anfrage: „Was muss ich tun oder sagen, um den Göttern zu gefallen?"

Des Gottes Rat: „Schicke Io aus deinem Haus. Verbanne sie aus dem Vaterland. Lass' sie zu den entferntesten Punkten der Erde ziehen. Falls nicht, werden Zeus' Blitz und Donner deine ganze Familie vernichten.

Nachbetrachtung

Io, verwandelt in eine Kuh, durchstreifte die Erde, sie wurde überwacht vom vieläugigen Argus und gequält von einer Bremse. Sie durchquerte die entferntesten Punkte auf dem Planeten einschließlich des Ortes wo Prometheus, der Prophet, an einen Felsen gefesselt war.

Hier empfehle ich, Äschylus' Meisterwerk, *Der gefesselte Prometheus*, zu lesen.

28.

Abwanderung

Große Abwanderungen des griechischen Volkes fanden im 8. Jahrhundert v. Chr. aber auch schon in den früheren Jahrhunderten statt. Inseln im Ägäischen Meer sowie andere Küsten Kleinasiens wurden besiedelt. Im Westen Griechenlands hat man ebenfalls griechische Siedlungen gegründet, in Gebieten, die wir jetzt Italien nennen. Die dafür verantwortlichen Führer baten um Rat oder Zustimmung wegen der geplanten Abwanderungen.

Orakel
Zeit: ungefähr 735 v. Chr.

Pilger: Archias aus Korinth und Myskelos aus Ripai

Anfrage: „In welches Land sollen wir gehen?"

Des Gottes Rat: „Was wünscht ihr euch, wollt ihr Reichtum oder Gesundheit?"

Archias: „Ich wünsche mir großen Reichtum."

Myskelos: „Ich wünsche für mich und meine Stadt gute Gesundheit."

Des Gottes Rat: „Archias, gehe und lasse dich in Syrakus nieder. Myskelos, gründe die Stadt Kroton."

Nachbetrachtung
Syrakus, an der Ostküste Siziliens, wurde im folgenden Jahr gegründet. Beides, Landwirtschaft und

Handel, florierten sehr bald. Strabo berichtet in seiner *Geographie*, „Syrakus kam zu solch außergewöhnlichem Reichtum, dass der Name der Syrakuser sprichwörtlich für übermäßige Verschwendung weit über die Grenzen hinaus verwandt wurde – ‚der Zehnte der Syrakuser wäre nicht ausreichend' – ". Im 5. Jahrhundert v. Chr. konnten zwei athenische Angriffe gegen Syrakus niedergeschlagen werden, der zweite (415 – 413 v. Chr.) bedeutete ein großes Unglück für Athen im Peloponnesischen Krieg.

Kroton, das sich am „Zehen" Italiens befindet, florierte ebenso, es erlangte große Berühmtheit wegen seiner Ärzte und Athleten. Unter den Letztgenannten befand sich der phantastische Ringkämpfer Milon, Gewinner vieler panhellenischer Spiele.

29.

Die Insel Delos

Nach den großartigen Siegen von Salamis (480 v. Chr.) und Plataä (479 v. Chr.) gegen das Perserreich, organisierte Athen den Delischen Seebund, um die Seeschlachten gegen die Perser fortzuführen. Unter athenischer Führung wuchs das Bündnis allmählich auf 200 Mitgliedsstaaten. Die Verbündeten trafen sich in einer Versammlung auf der Insel Delos, wo sich auch das Depot der Bundesgelder befand.

Während der langandauernden und auch überragenden Bedeutung von Perikles in Athens Demokratie, kamen die Verbündeten unter athenische Vorherrschaft – so auch Delos – und damit wurde der Delische Seebund ein athenisches Imperium. Symbolisch, aber auch wegen seiner Bedeutung, wurde das Depot der Bundesgelder von Delos zur Akropolis von Athen gebracht. Es sollte im Parthenon untergebracht werden, sobald dieser wunderbare Tempel fertiggestellt war.

Da Athens bedeutende Seemacht sich weiterhin vergrößerte und auf Einflussgebiete Spartas übergriff, sahen sich Sparta und seine Verbündeten gezwungen, sich zu wehren. Der Peloponnesische Krieg begann 431 v. Chr. Um 422, während einer zeitweiligen Einstellung der Feindseligkeiten, verbannten die Athener die Deliser von ihrer eigenen Insel. Die Bürger von Delos verließen die Insel und besiedelten andere Orte.

421 brach der Krieg erneut aus, und die Athener erlitten Niederlagen in Delium und Amphipolis. Athen sandte eine Delegation nach Delphi, um Rat von Apollos Heiligtum zu erbitten.

Orakel

Pilger: Delegation aus Athen

Anfrage: Wahrscheinlich wurde gefragt, wie sie ihre Geschicke im Krieg verbessern können.

Des Gottes Rat: „Die Menschen wurden vertrieben von der Insel Delos, bringt sie zurück auf ihre Insel!"

Nachbetrachtung

Die Athener befolgten den delphischen Rat.

30.

Verbannung von Delos

Als zweites Orakel nach Delphi besaß auch Delos, eine Insel in den Kykladen im Ägäischen Meer, ein sehr bedeutendes Heiligtum Apollos in Griechenland. Eine Legende erzählt, dass Delos die Geburtsstätte Apollos war. Die Gottheit wurde dort seit dem 8. Jahrhundert mit einem Festival geehrt.

Einige der Verbannten von Delos kamen nach Delphi, um von dort Rat zu erhalten. Dies geschah ungefähr zu der Zeit, als die Athener wegen ihrer Rückschläge im Krieg ebenfalls Delphi aufsuchten.

Orakel

Pilger: eine Delegation aus Delos

Anfrage: „Was sollen wir tun? Wohin sollen wir gehen?"

Des Gottes Rat: „Findet den Ort, an dem Apollo geboren wurde, und bringt dort eure Opfer dar."

Die Pilger waren überrascht und erörterten die Möglichkeit, dass Apollo eventuell nicht auf ihrer Insel geboren sei. Pythia sprach erneut zu ihnen:

Des Gottes Rat: „Eine Krähe wird euch den Ort zeigen."

Nachbetrachtung

Während ihres Herumwanderns kamen die Verbannten nach Chäronea. Auf ihrem Weg nach Tegyra hörten sie die Unterhaltung zwischen einer Gastwirtin und Fremden. Während sie über das dortige Orakel sprachen, nannten die Fremden die Frau bei ihrem Namen: Korone, das heißt „Krähe".

Auf diese Weise wurde den Verbannten klar, dass Apollo Tegyra meinte. Sie gingen nach Tegyra und brachten ihre Opfer dar. Kurz danach fanden sie ihren Weg zurück nach Delos.

31.

Falls der Himmel herabfällt

Der Anfragende wurde in der Dichtung *Ilias* als Arzt erwähnt. Bei seiner Rückkehr aus dem Trojanischen Krieg suchte er einen Ort, um sich niederzulassen.

Orakel

Pilger: Podalirius

Anfrage: „Wo soll ich mich niederlassen?"

Des Gottes Rat: „Er sollte sich in der Stadt ansiedeln, wo er keinen Schaden erleidet, falls der Himmel herabfällt."

Nachbetrachtung

Podalirius gründete sein Heim in einer Region des karischen Chersones, welche rundum von Hügeln umgeben ist.

32.

Archilochos

Archilochos war ein großer Dichter von der Insel Paros. Er war wohlhabend, doch verlor er einen Großteil seines Vermögens aufgrund sozialer Konflikte in seinem Heimatland.

Orakel

Pilger: Archilochos

Anfrage: Wahrscheinlich eine Anfrage, was er tun solle, um wieder erfolgreich zu werden.

Des Gottes Rat: „Gehe nach Thasos und besiedele die Insel!"

33.

Der Tod des Archilochos

Archilochos, der Dichter, tat wie Delphi vorgeschlagen hatte. Er nahm an der Besiedelung der Insel Thasos teil. Dort gab es viele Kämpfe und Archilochos wurde in einem Gefecht getötet.

Orakel

Pilger: Kallondes Korax

Anfrage: Keine. Allein seine Erscheinung hat das Folgende hervorgerufen.

Des Gottes Verkündigung: „Du hast einen Mann getötet, der den Musen heilig war. Verlasse den Tempel!"

Pilger: „Bitte erbarme dich, ich bin unschuldig. Es war Krieg und ich kämpfte zur Selbstverteidigung."

Des Gottes Rat: „Gehe nach Taenarus zum Grab von Tettix, des Kreters, und besänftige die Seele des Archilochos mit einem Trankopfer."

34.

Ein hölzerner Hund

Das Thema Kolonisation scheint viele Menschen nach Delphi gebracht zu haben. Sie baten um Vorschläge für geeignetes Land, wo sie sich niederlassen könnten, oder um Zustimmung zu einem Ort, der bereits ausgewählt war.

Nach einem Familienstreit sammelte Lokrus Anhänger und machte sich auf den Weg, eine Kolonie zu gründen. Er ging zum Orakel nach Delphi, und bat um Rat.

Orakel

Pilger: Lokrus

Anfrage: zur Gründung einer Kolonie

Des Gottes Rat: „Er soll dort eine Stadt gründen, wo er von einem hölzernen Hund gebissen wird."

Nachbetrachtung

Während seiner Reise trat Lokrus mit nacktem Fuß in einen „dog-briar-Dorn" (Hundeholz). Diese Verletzung bereitete ihm große Probleme und so blieben er und seine Leute einige Tage an diesem Ort. Der Aufenthalt bot seinen Anhängern Zeit, das umliegende Land zu erkunden, wo sie die Städte des ozolischen Lokris gründeten.

35.

Auf der Suche nach einem Zuhause

Der um Rat Suchende hat sich wohl in der Vergangenheit etwas wankelmütig verhalten. Er erkundigt sich hier nach einem Ort, um sich niederzulassen.

Orakel

Pilger: Meleos, der Pelasger
Anfrage: „Wo soll ich hingehen?"
Des Gottes Rat: „Jedes Land ist Vaterland."

Nachbetrachtung

Ein jeder Platz, sichtbar dem himmlischen Auge, ist einem weisen Mann Zuflucht und glücklicher Hafen zugleich.
Lehr' deine Not die Dinge so betrachten, dass es keine andere Tugend als die der Notwendigkeit gibt.

Shakespeare, *Richard II*

36.

Frieden und Krieg

Vor Ausbruch des Peloponnesischen Krieges gab es viele Schwierigkeiten zwischen Athen und Sparta, den beiden wichtigsten Stadtstaaten Griechenlands. Athens Weltmachtpolitik bedrohte und letztendlich provozierte Sparta, den Krieg zu erklären. Wir können davon ausgehen, dass die Spartaner, als sie nach Delphi kamen, ihre Entscheidung bereits getroffen hatten und diese nun dort absegnen lassen wollten.

Orakel

Zeit: 431 v. Chr.

Pilger: eine Delegation aus Sparta

Anfrage: „Wäre es zu unserem Vorteil, wenn wir Athen den Krieg erklärten?"

Des Gottes Rat: „Wenn sie nach besten Kräften kämpfen, werden sie siegen. Apollo selbst, ob gebeten oder nicht, wird auf ihrer Seite sein."

Nachbetrachtung

Feindseligkeiten brachen bald nach diesem Orakel aus. Pythia sagt voraus, dass die Spartaner den Krieg gewinnen werden, wenn sie mit Entschlossenheit kämpfen. Sie taten es, und die Prophezeiung erwies sich als richtig.

„Apollo selbst wird auf ihrer Seite sein." Nach *Ilias*, der Heldendichtung des Homer, sandte Apollo den Griechen eine Seuche nachdem er ihre Ungerechtigkeiten mitangesehen hatte. 430 v. Chr., kurz nach Beginn des Peloponnesischen Krieges, brach in Athen eine der schwersten Pestilenzen der Antike aus. Ungefähr ein Viertel der Bevölkerung kam dabei um. Eines der Opfer war Perikles, er war 30 Jahre lang der bedeutendste Führer Athens, ein wichtiger Architekt des athenischen Reiches, der Führer, der Sparta herausforderte, den Krieg zu erklären.

37.

Dauer des Krieges

Ich weiß nicht, ob die folgenden Prophezeiungen eine Verkündigung des Apollo-Orakels in Delphi beinhalten. Da dies gut sein kann, gebe ich es an Sie weiter.

Die Prophezeiungen

Thukydides schreibt in seiner großartigen *Geschichte des Peloponnesischen Krieges*, in Buch V, Kapitel 26:

Viele Orakel prophezeiten,
dass der Peloponnesische Krieg
dazu verurteilt sei,
drei mal neun Jahre zu dauern.

Nachbetrachtung

Der Krieg begann 431 v. Chr. und ging 404 v. Chr. zu Ende.

38.

Ein besonderer Speisesaal

Das Prytaneum in Athen war ein Gebäude, in dem man die Heilige Flamme aufbewahrte, und in dem sich außerdem ein besonderer Speisesaal befand. Ehrenhafte Personen, die erachtet wurden, dem Staat einen beispielhaften Dienst erwiesen zu haben, nahmen ihre Mahlzeiten auf Staatskosten hier ein.

Orakel

Zeit: vielleicht 440 – 430 v. Chr.

Pilger: Bürger aus Athen

Anfrage: Der Text dieser Anfrage wurde beschädigt. Vermutlich ging es bei der Orakelbefragung darum, dass diese Bürger wissen wollten, ob bestimmte Personen würdig waren, den Service im Prytaneum zu erhalten.

Des Gottes Rat: „Die aufgeführten Personen sollen staatliche Unterstützung im Prytaneum erhalten."

Nachbetrachtung

Beim Prozess des Sokrates 399 v. Chr. verurteilten die Geschworenen den Philosophen wegen angeblicher „Gottlosigkeit". Anklage und Verteidigung unterbreiteten ihre Vorschläge zur Strafe gemäß dem Verfahren. Die Ankläger des Sokrates bestanden auf der Todesstrafe.

Bevor das Urteil verkündet wurde, beteuerte Sokrates, dass er, für sein Wirken sie als Bremse zu stechen, um ihre Überzeugungen zu überprüfen und so zu gerechten Entscheidungen zu gelangen, für sein Lehren, dass Tugend nicht Geld ist und für sein Behaupten, dass Macht nicht Recht ist – für diese dem Staat erwiesenen echten Dienste – mit einem Unterhalt im Prytaneum belohnt werden sollte.

Die Geschworenen verurteilten den Philosophen zum Tod, und er zog es vor, das Schierlingsgift im Gefängnis zu nehmen, anstatt die ihm gebotene Flucht zu ergreifen.

39.

Die Weisheit des Sokrates

Chaerephon war ein Jünger von Sokrates. Die folgenden Ausführungen könnten „eine fromme Erfindung der Sokrates-Schule" sein. Auf der anderen Seite ist es durchaus möglich, dass Chaerephon das Orakel von Delphi besuchte, um eine Antwort auf seine Frage zu erbitten. Es ist schwierig sich vorzustellen, Apollo hätte durch Pythia die Anfrage anders beantwortet, wäre ihm diese gestellt worden.

Orakel

Zeit: spätes 5. Jahrhundert v. Chr.

Pilger: Chaerephon

Anfrage: „Ist jemand weiser als Sokrates?"

Des Gottes Rat: „Niemand ist weiser als Sokrates."

Nachbetrachtung

Sokrates erwähnte dieses Orakel in seiner Verteidigungsrede im Prozess wegen „Gottlosigkeit" im Jahr 399 v. Chr. Er sagte zu der Verkündigung:

Als ich es hörte, habe ich nachgedacht: „Was meint der Gott? Was ist der Sinn dieser rätselhaften Worte? Ich weiß, dass ich überhaupt nicht weise bin. Wie kann Er sagen, ich sei der Weiseste? Doch der Gott kann nichts Falsches sagen." So fragte ich mich und überlegte eine ganze Weile, ohne zu einem Schluss zu kommen. Dann entschloss ich mich, die Angelegenheit zu untersuchen durch Befragen von Menschen, die für ihre Weisheit bekannt waren.

Sokrates schloss aus diesen seinen Untersuchungen, dass er „in einer kleinen Sache" weiser sein könnte: er wusste nämlich, dass er nicht weise war.

40.

Goldene Ohrringe

Die nachfolgende Konsultation hat „vor 400 v. Chr." stattgefunden. Athen hat sich Sparta 404 v. Chr. ergeben, und es würde mich nicht überraschen, wenn die Delegation aus Athen nicht lange vor dieser Kapitulation in Delphi erschienen wäre.

Orakel

Pilger: Bürger aus Athen

Anfrage: „Wie können wir unseren Reichtum steigern? Wie können wir den Charakter unserer Bürger verbessern?"

Des Gottes Rat: „Wenn ihr wollt, dass eure Bürger gute Menschen werden, gebt das, was am besten ist, in die Ohren eurer Söhne."

Nachbetrachtung

Daraufhin haben die Bürger von Athen goldene Ohrringe in die Ohren ihrer Söhne gesteckt.

Die Athener haben leider während des Peloponnesischen Krieges trotz der ständigen Warnungen von Männern wie Sokrates und Euripides nicht verstanden, dass die Liebe zum Geld ihr wirklicher Feind war. Das Orakel von Delphi sagte ihnen, es sei notwendig, philosophische Gedanken in die Ohren ihrer Kinder zu geben.

Hinweis

Athens wunderbare auf Gegenseitigkeit beruhende Demokratie hatte diese Achillesferse – die Bürger haben sich im Umgang mit anderen Völkern mehr um Geld und Macht gekümmert als um Gerechtigkeit. Athen konnte einfach sein Königreich nicht begrenzen, dann hätten Sparta und seine Verbündeten leichter atmen können.

Das Orakel von Delphi hat sozusagen einen verborgenen aber sehr weisen Finger auf das Problem gelegt.

Shakespeares *Macbeth* ist auch ein Beispiel für des Ehrgeizes Lohn.

41.

Spartas Doppel-Monarchie

In der frühen Antike wurden dem König Aristodemos von Sparta Zwillingssöhne geboren. (Er hat zufällig den gleichen Namen wie der spätere König von Messenien.) Kurze Zeit danach starb der König. Spartas Gewohnheitsrecht gab vor, dass der älteste Sohn König werde. Aber welcher war der Älteste?

Der prophetische Rat scheint der Ursprung dieser eigenartigen spartanischen Einrichtung des Doppel-Königreichs zu sein.

Orakel

Pilger: eine Delegation aus Sparta

Anfrage: zu der Verlegenheitssituation, welcher der Söhne König werden sollte

Des Gottes Rat: „Betrachtet beide Söhne als Könige; aber erweist größeren Respekt dem Älteren."

Nachbetrachtung

Mit „dem Älteren" war sicherlich gemeint, dem Weiseren.

42.

Man braucht einen Dieb um einen Dieb zu ertappen

Das „Palladium" war ein geschnitztes Bildnis der Pallas Athene, von dem man glaubte, dass es die Stadt beschütze, in der es verwahrt wurde. Argos behauptete, das Originalbild zu besitzen, welches Dardanus, dem Begründer Trojas, vom Himmel gesandt worden war. Gemäß dem Orakel hier, haben die Spartaner dieses Bildnis in Argos gestohlen.

Orakel

Pilger: eine Vertretung der Könige von Sparta

Anfrage: „Was können wir tun, um das Palladium zu schützen?"

Des Gottes Rat: „Wählt einen der Diebe zu seiner Bewachung."

43.

Invasion oder nicht

Im Jahr 388 v. Chr. stand Sparta kurz davor, Argos anzugreifen, aber die Bürger von Argos schlugen eine Waffenruhe vor.

Orakel

Pilger: König Agesipolis von Sparta

Anfrage: „Ist es fromm oder unfromm, die vorgeschlagene heilige Waffenruhe der Argiver zu ignorieren. Diese wurde zu einem nicht günstigen Zeitpunkt angeboten, und erst dann, als die Spartaner eine Invasion planten?"

Des Gottes Rat: „Es lässt sich mit Frömmigkeit vereinbaren, die heilige Waffenruhe nicht zu akzeptieren, wenn diese ungerechterweise vorgeschlagen wird."

Nachbetrachtung

Ich denke, dass dies ein ziemlich delikater Rat ist.

Die Spartaner suchten Rat, ob sie einmarschieren sollten oder nicht. Zur gleichen Zeit neigten sie zu einer Invasion und wünschten den frommen Segen zum Krieg.

Die Antwort des Orakels lässt Krieg oder Frieden offen. Trotzdem gibt es den Segen, falls sie wirklich den Krieg beginnen wollen – hierdurch wird Sparta darauf verwiesen, über das Recht zum Krieg sowie das Recht der argivischen Absicht nachzudenken.

44.

Pindar und die Fabel über den Tod

Pindar war der berühmte und großartige lyrische Poet aus Böotien in Theben. Er verfasste ein verlorengegangenes Gedicht – erwähnt im Orakel, in welchem er betont, dass der Tod ein unschätzbarer Segen für die Menschheit sei.

Orakel

Zeit: ungefähr 445 v. Chr.

Pilger: Bürger aus Böotien, Vertreter Pindars

Anfrage: „Was ist das Beste für die Menschheit?“

Des Gottes Rat: „Er selbst sollte es wissen, wenn er es wirklich war, der das Gedicht über Trophonios und Agamedes verfasst hat. Doch sollte er sich wünschen, aus Erfahrung zu lernen, so wird ihm die Antwort bald enthüllt.“

Nachbetrachtung

Als seine Boten mit dem Orakel aus Delphi zurückkehrten, verstand der Dichter, dass es seinen nahenden Tod voraussagte.

Ein Fragment aus Pindars Gedicht zeigt, daß Trophonios und sein Bruder Agamedes in Delphi einen Tempel bauten. Nach der Fertigstellung des Tempels erbaten sie die Zahlung von Apollo. Die Gottheit sagte zu, sie am siebten Tag zu belohnen, und drängte die Brüder, bis dahin zu essen, zu trinken und vergnügt zu sein. Sie waren nicht unglücklich, diesen Rat für eine ganze Woche zu befolgen. Als sie sich in der siebten Nacht schlafen legten, schieden sie aus dem Leben.

Das war Apollos Zahlung, aufrichtig gemeint, um den beiden Brüdern Gutes zu tun.

45.

Der Kult um Pindar

Dieses Orakel geschah ungefähr drei Jahre nachdem es verkündet wurde. „Doch sollte er sich wünschen, aus Erfahrung zu lernen, so wird ihm die Antwort bald enthüllt." Pindar starb 442 v. Chr.

Die nachstehende Verkündung – ganz gleich ob als Folge einer Anfrage durch Pilger oder nicht – wurde durch die Priesterin Pythia in Delphi nach des Dichters Tod gemacht.

Pindar soll zusammen mit Apollo den
gleichen Anteil aller ersten Früchte
erhalten
[die ersten Erzeugnisse der Ernte].

Nachbetrachtung

Pindar war bereits zu Lebzeiten berühmt und diese delphische Verkündung vergrößerte seinen Ruhm.

Eine Legende zur Entstehung seines poetischen Talents lautet wie folgt:

Als junger Mann ging Pindar nach Thespiae. Der Tag war außergewöhnlich heiß, und er legte sich am Rande des Weges nieder, um ein Schläfchen zu machen. Solange er schlief, ließen sich ein paar Bienen aus der Nachbarschaft auf seinen Lippen nieder und benetzten diese mit Honig.

46.

Ion

König Xuthus von Athen und seine Königin Creusa haben keine Kinder.

Orakel

Pilger: König Xuthus

Anfrage: „Meine Frau und ich sind kinderlos. Ich wünsche mir einen Sohn. Was können wir tun?"

Des Gottes Rat: „Der erste Mann, dem du begegnest, nachdem du Apollos Heiligtum verlassen hast, ist dein Sohn."

Nachbetrachtung

Als Xuthus aus dem Tempel ging, begegnete er dem Sakristan des Tempels, Ion. Der junge Mann hatte Apollo zum Vater und seine Mutter war Xuthus' Frau, Creusa, vor ihrer Heirat mit Xuthus.

Euripides' Schauspiel *Ion* beschreibt Creusas Versuch, Ion zu töten, da sie glaubt, er sei ihres Mannes Sohn mit einer anderen Frau.

47.

Der Tod des Äsop

Die weisen wunderbaren Tierfabeln wurden Äsop zugeschrieben, einem Sklaven der Insel Samos im 6. Jahrhundert v. Chr. Der Historiker Herodot berichtet, dass Äsop zu Unrecht von Bürgern aus Delphi getötet wurde, da sie sich von ihm beleidigt fühlten. Dieses furchtbare Ereignis hat sich folgendermaßen zugetragen.

Äsop wurde ein freier Mann, reiste viel herum, und verdiente sich seinen Unterhalt, indem er das Volk mit seinen Fabeln erfreute. Schließlich kam er nach Delphi. Er erzählte den Bürgern von Delphi seine Geschichten, die tiefe Weisheiten zum Ausdruck brachten. Danach erwartete Äsop die übliche Belohnung als Wertschätzung seiner Darbietung, aber er erhielt nichts. Äsop tadelte die Bürger von Delphi für ihre fehlende Großzügigkeit, aber sie blieben knauserig und unnachgiebig. Am Ende beschimpfte er sie und nannte sie „Abkömmlinge von Sklaven", dann bereitete er sich auf seine Abreise vor.

Vertreter der Stadt sahen für Delphi eine Gefahr darin, dass Äsop bei seinen Reisen und Vorträgen dem Ruf ihrer Stadt Schaden zufügen könnte. Sie planten eine Verschwörung, um ihn zu beseitigen.

Während Äsop schlief, nahmen die Verschwörer einen goldenen Becher vom Tempel und legten diesen zu seinem Gepäck. Als Äsop am nächsten Tag die Stadt verließ, wurde er festgenommen und dabei kam der goldene Becher zum Vorschein. Umsonst erklärte er seine Unschuld, wurde ins Gefängnis geworfen und zum Tode verurteilt.

Die Bürger von Delphi brachten ihn zur Höhe eines Felsens, dem Platz für die Hinrichtung. Nachdem Äsop sie alle verflucht und die Musen als Zeugen der Ungerechtigkeit seines Schicksals angefleht hatte, sprang er vom äußersten Rand des Felsens in den Abgrund.

Als Folge von Äsops Tod brach eine große Pestilenz über Delphi herein.

Orakel

Zeit: ungefähr 550 v. Chr.

Pilger: Bürger aus Delphi (daher eine kurze Wallfahrt)

Anfrage: „Was kann uns erlösen?"

Des Gottes Rat: „Die Plage kann erst enden, wenn sie die Seele Äsops besänftigt haben."

48.

Kinderlosigkeit: Weinschlauch

Kinderlos zu sein, war im monarchischen System für einen König eine ernste Angelegenheit. Ägeus, in sehr frühen Zeiten König von Athen, ging nach Delphi, um sich wegen dieses Problems Rat zu holen.

Orakel

Pilger: König Ägeus von Athen

Anfrage: „Wie kann ich Kinder haben?"

Des Gottes Rat: „Öffne den Spund des Weinschlauchs nicht, bevor du Athen erreichst."

Nachbetrachtung

Ägeus konnte nicht verstehen, worauf Pythia hinauswollte. Er öffnete seinen Spund in der Gegenwart von Äthra, Tochter des Königs von Trözen. Das Ergebnis war – neun Monate später – die Geburt des Theseus, der Nationalheld von Athen werden sollte.

Warum sagte ihm Apollo, er solle den Spund **nicht** öffnen? Dies mußte etwas damit zu tun haben, dass die Gottheit erkannte, es handele sich hier um eine nicht gerade sehr kluge Person.

Hinweis

Ägeus erzählte Pittheus, dem König von Trözen, von dem Orakel. Pittheus war so schlau – im Gegensatz zu Ägeus, was Apollo natürlich wußte. Pittheus machte Ägeus betrunken, dann brachte er ihn mit seiner Tochter zusammen, die nackt war. Das Ergebnis war Theseus.

49.

Kinderlosigkeit: Pflug und Furche

Ein unverheirateter und kinderloser alter König wünscht sich Nachkommen, ein Kind.

Orakel

Pilger: König Erginus von Orchomenus

Anfrage: „Was kann ich tun, um Kinder zu haben?"

Des Gottes Rat: „Du erkundigst dich spät wegen der Kinder. Verliere keine weitere Zeit. Schraube eine neue Spitze auf den alten Pflug."

Nachbetrachtung

Dies macht Sinn: Nimm eine junge Frau.

50.

König Minos

In einer längst vergangenen sagenumwobenen Zeit war ein Sohn des Königs Minos von Kreta in verräterischer Weise in Athen umgebracht worden, nachdem er jeden Preis bei den athletischen Wettkämpfen dort gewonnen hatte. Daraufhin bekriegte König Minos Athen und erflehte Hilfe von Zeus, der Hungersnot und Pestilenz nach Athen sandte. Die Belagerung durch Minos hielt an und die Athener sandten eine Delegation nach Delphi.

[Der Minotaurus von Kreta war ein Monster, halb Stier und halb Mensch].

Orakel

Pilger: Eine Delegation aus Athen

Anfrage: „Wie können wir diesem Elend entkommen?"

Des Gottes Rat: „Schickt jedes Jahr sieben Jünglinge und sieben Jungfrauen zu Minos, um damit den Zorn des Himmels zu besänftigen."

Nachbetrachtung

Die Jünglinge und Jungfrauen wurden dem hungrigen Minotaurus im Labyrinth vorgeworfen.

Beachten Sie, dieses ist ein **Mythos**. Das Orakel von Delphi hat aufgrund meiner Kenntnis **niemals** geraten, prophezeit oder jemals davon gesprochen, Menschen zu opfern. Nach meinem Wissen haben die frühen Griechen **niemals** Menschen geopfert – ausgenommen in der Mythologie.

51.

Theseus und der Minotaurus

Die Menschenopferungen für den Minotaurus durch die Athener dauerten bereits einige Zeit an. Der junge Theseus meldete sich freiwillig, einer der sieben Jünglinge zu sein und wurde somit zu Minos nach Kreta gesandt.

Orakel

Pilger: Theseus

Anfrage: Vermutlich wünschte er einen Rat, wie er sich gegenüber dem Minotaurus und im Labyrinth verhalten solle.

Des Gottes Rat: „Mache Aphrodite zu deiner Führerin. Lade sie ein, dich zu begleiten." [Aphrodite ist die Göttin der Liebe; lateinisch: Venus].

Nachbetrachtung

Theseus tötete den Minotaurus. Er fand seinen Weg aus dem Labyrinth dank Ariadne, des Königs Tochter, die sich in ihn verliebt hatte.

Theseus wurde Nationalheld von Athen, ein Freund und mehr noch, ein Schüler von Herkules. Zu seinen Heldentaten zählte auch das Erschlagen von Ungeheuern und Banditen.

Welch ein Glück für die Welt, dass Ägeus seinen Spund zur rechten Zeit öffnete.

52.

Eine Dürre auf Thera

Die Insel Thera, nördlich von Kreta, heißt heute Santorin. Im 2. Jahrtausend v. Chr. war diese Insel unter dem Einfluss des minoischen Kreta, und man hat dort wunderbare Wandmalereien entdeckt.

In der Mitte des 7. Jahrhunderts v. Chr. gab es auf Thera eine siebenjährige Dürre, die zu dieser Anfrage beim Orakel von Delphi führte.

Orakel

Pilger: eine Delegation aus Thera

Anfrage: Eine Bitte um Rat, was wegen der Dürre getan werden könne.

Des Gottes Rat: „Besiedelt das Land Libyen."

Nachbetrachtung

Als eine Delegation aus Thera sieben Jahre davor das Orakel wegen bestimmter Angelegenheiten befragte, gab ihnen die Gottheit den Auftrag: „Baut eine Stadt in Libyen." Sie beachteten diesen Rat nicht, und danach fiel sieben Jahre lang kein Regen auf Thera.

So, wenn Apollo hier sagt: „Besiedelt das Land Libyen", war er gezwungen, sich zu wiederholen.

53.

Sprachfehler (Thera)

Zu der Zeit um 640 v. Chr. litt der Führer von Thera unter einem Sprachfehler.

Orakel

Pilger: Aristotel-Battos von Thera

Anfrage: „Was kann ich tun, um meinen Sprachfehler zu korrigieren?"

Des Gottes Rat: „Battos, du bist wegen deines Sprachfehlers gekommen. Aber Apollo sendet dich nach Libyen, um Kolonien zu gründen [und als König in Kyrene zu regieren]. Die Libyer werden dich angreifen, wenn du dort ankommst, aber bete zu Zeus, Athene und Apollo, sie werden dir zum Sieg verhelfen. Du und deine Nachkommen werden über Libyen herrschen. Apollo wird dich führen."

Pilger: „Ich kam, um einen Rat für meinen Sprachfehler zu erhalten, aber du antwortest mir mit anderen unmöglichen Aufgaben, indem du mich bittest, Libyen zu besiedeln. Wie soll ich das machen?"

Des Gottes Rat: „Besiedele Libyen! Apollo wird dich führen."

54.

Battos von Thera: Missgeschick

Aristotel-Battos führte seine Anhänger aus Thera, um in Libyen an der Nordküste von Afrika neue Kolonien zu gründen. Sie mussten sich auf einer Insel vor Afrika zwei unglückliche Jahre lang aufhalten.

Orakel

Pilger: Battos und Mit-Siedler

Anfrage: „Wir haben uns in Libyen angesiedelt, aber es geht uns nicht besser, seit wir dort leben."

Des Gottes Antwort: „Falls ihr, die ihr tatsächlich niemals dorthin gegangen seid, Libyen besser kennt als ich, der dort war, so bewundere ich eure Weisheit."

55.

Battos von Thera: Ein weiteres Missgeschick

Aristotel-Battos und seine Jünger kehrten nach Thera zurück. Sie kämpften mit denen, die auf der Insel verblieben waren und verloren. Offensichtlich hat ihnen das Zeug dazu, Helden zu sein, gefehlt, und so findet er sich selbst mal wieder in Delphi, um vom Orakel weiteren Rat einzuholen.

Orakel
Pilger: Battos

Anfrage: „Sollen wir kämpfen, um unser Land zurückzugewinnen oder sollen wir uns irgendwo niederlassen?"

Des Gottes Rat: „Verlasst die Insel und geht irgendwo anders hin; der östliche Kontinent ist besser für euch. Gehorcht mir ohne Tücke und nehmt es an! Wie ein Mann arbeitet, so ist auch das Ergebnis seiner Arbeit."

Nachbetrachtung
Gott hilft denen, die sich selbst helfen.

Dennoch frage ich mich, was wohl aus Aristotel-Battos geworden ist?

56.

Der Piratenkönig Polykrates

König Polykrates war während der zweiten Hälfte des 6. Jahrhunderts v. Chr. ein fähiger und interessanter Tyrann auf der Insel Samos. Er verwandelte die Piraterie in ein hübsches Seereich.

Polykrates förderte die Kultur auf der Insel und auch die Seeräuberei auf hoher See. Er förderte Dichter und Künstler. Es wird berichtet, dass er auch die Festspiele auf Delos ins Leben rief, wo die Delischen Spiele gefeiert wurden.

Als ihm feindlich gesonnene Bürger von Samos versuchten, ihn zu stürzen, informierten diese die Spartaner, die sie mit einer Streitmacht unterstützten. Polykrates bestach die spartanische Führung und so ist aus dem Aufstand nichts geworden.

Orakel

Zeit: 525 v. Chr.

Pilger: Gesandte von Polykrates, Tyrann von Samos

Anfrage: „Sollen wir die Spiele Pythia oder Delia nennen?"

Des Gottes Rat: „Sie sind beides, Pythia und Delia für euch."

Nachbetrachtung

Dies war keine erfreuliche Antwort von Pythia. Es schien sogar so, als ob der Tod des Polykrates für die nahe Zukunft vorausgesagt worden wäre.

Man darf mutmaßen, dass das Delphische Orakel mindestens zwei Nüsse mit Polykrates zu knacken hatte. Erstens könnten die Delischen Festspiele eine Konkurrenz für die Festspiele von Delphi werden – was auch geschah. Zweitens waren die Spartaner immer begünstigt durch die Tempeleinrichtung in Delphi. Vielleicht war Apollo über den Piratenkönig wegen der Bestechung der spartanischen Streitmacht etwas verärgert – und dass es mit **gefälschtem Geld** geschah!

(Es ist mir unangenehm, dies zu schreiben, aber 522 v. Chr., drei Jahre nach dem Orakel, wurde der ehrgeizige und kluge Polykrates von einem persischen Statthalter überlistet. Indem eine Verschwörung gegen Kaiser Darius vorgetäuscht wurde, lockte Orötes Polykrates auf das Festland und ließ ihn kreuzigen.

Das Delphische Orakel hatte vielleicht das letzte Lachen, aber der Pirat Polykrates hatte eine großartige Zeit, solange sie andauerte.)

57.

Diogenes der Zyniker

Diogenes von Sinope war der berühmte (oder berüchtigte) zynische Philosoph. Er war verantwortlich für die Münzanstalt in Sinope, wo er von Arbeitern bedrängt wurde, Münzen zu fälschen. Er wusste nicht, wie er mit der Situation umgehen sollte und wandte sich an das Orakel von Delphi, um prophetischen Rat zu erhalten, ungefähr 380 v. Chr.

Orakel

Pilger: Diogenes

Anfrage: 1) „Sollte ich tun, was sie von mir wünschen?"

2) „Was sollte ich tun, um den größten Ruhm zu erlangen?"

Des Gottes Rat: „Du solltest die Währung abwerten."

Nachbetrachtung

Es wird berichtet, dass Diogenes den Rat zuerst wörtlich nahm. Er fälschte die Münzen, danach floh er ins Exil. **Dann** verstand er die wahre Bedeutung des Orakels und handelte entsprechend.

Er lebte in Athen und kritisierte in einer buntschillernden und hartnäckigen Weise die größtenteils materialistischen und scheinheiligen Motive der Menschen – vor allem ihre Bewertung der Dinge.

Diogenes führte ein völlig exzentrisches Dasein, war glücklich in bitterer Armut und verachtete herkömmliche Sichtweisen und Lebensformen. Es wurde die Geschichte überliefert, dass er mit einer Laterne am hellichten Tag durch Athens Straßen schlich auf der Suche nach einem ehrlichen Menschen.

58.

Todestrunk

In frühen Zeiten, als die Athener noch keinen Wein kannten, brachten einige Ätoler das Getränk zu einem athenischen Festspiel. Da sie nicht um die Wirkung des Weines wussten, tranken einige Athener so viel, bis sie völlig betrunken umfielen. Als die anderen Athener diese wie tot liegen sahen, fielen sie über die Ätoler her und brachten sie um, in der Annahme, dass diese Mörder seien.

Das Land wurde unfruchtbar nach dieser Brutalität. Athen sandte eine Vertretung nach Delphi, um Rat zu erbitten.

Orakel

Pilger: Leute aus Athen

Anfrage: „Was können wir gegen die Unfruchtbarkeit unseres Landes tun?"

Des Gottes Rat: „Sie müssen jedes Jahr den Ätolern, die sie irrtümlicherweise getötet haben, Trankopfer darbringen und das Fest von Choes feiern."

59.

Schwierigkeiten in Kyrene, Libyen

Orakel

Zeit: ungefähr 550 v. Chr.

Pilger: König Arkesilaos von Kyrene

Anfrage: Wegen des „Warum" und „Wozu" seiner Schwierigkeiten.

Des Gottes Rat: „Die Götter sind verärgert. Die späteren Könige regieren nicht wie der erste Battos. Für ihn war die Bezeichnung „König" angemessen, er regierte im Sinne des Volkes und hat ganz besonders die Verehrung der Götter aufrechterhalten. Aber seine Nachfolger regieren mehr und mehr in einer tyrannischen Art und Weise. Sie beschlagnahmen die öffentlichen Mittel und vernachlässigen die Ehrfurcht vor den Göttern."

Nachbetrachtung

„Der erste Battos?" Das kann nur unser Aristotel-Battos sein. Die Dinge entwickelten sich für ihn letztendlich zum Guten! Nachdem er aus Thera vertrieben wurde und dann einen unglücklichen Aufenthalt auf jener Insel in der Nähe von Libyen hatte, muss er nach Libyen gegangen sein, wo er sehr erfolgreich war.

Ich werde dies feiern!

60.

Verlust der Fähigkeit zu lachen

Der Anfragende verlor die Fähigkeit zu lachen, nachdem er das Orakel von Trophonios besucht hatte, das einem böotischen Gott zugeordnet ist. Das Heiligtum wurde verehrt, wenn nicht sogar mit großer Ehrfurcht betrachtet, und der Besucher bemerkte bestimmte damit verbundene Rituale erst, wenn er das Orakel sah. Es wird berichtet, dass der um prophetischen Rat Suchende auf übernatürliche Weise in den Untergrund entführt wurde, um dort die direkte Enthüllung der Wahrheit zu erfahren.

Orakel
Pilger: Parmeniskos von Metapontum
Anfrage: „Wie kann ich meine Fähigkeit zu lachen wiedererlangen?"
Des Gottes Rat: „Die Mutter wird es dir geben, zu Hause. Ehre sie!"

Nachbetrachtung
Mir ist klar, dass dies keine scherzhafte Sache ist.

Ich kann mir gut vorstellen, dass die Erfahrung, plötzlich in den Untergrund entführt zu werden, die Ursache dafür sein kann, den Humor zu verlieren.

Ich bin überzeugt, Apollo wusste genau, als er Parmeniskos nach Hause zu seiner Mutter sandte, dass jeder, der erlebt hat, was Parmeniskos durch das Orakel von Trophonios und die weite Reise nach Delphi erfahren musste, um dann nur nach Hause zu seiner Mutter geschickt zu werden, auf dem Heimweg alles überdenken würde, und es ihm dann völlig unmöglich sein konnte, sich des Lachens zu erwehren.

61.

Über die Unfähigkeit, mit Lachen aufzuhören

Die offensichtlich leichtfertigen Bürger von Tiryns litten unter dem Zwang, zu viel lachen zu müssen.

Orakel

Pilger: Bürger aus Tiryns

Anfrage: „Wie können wir uns von dieser Gewohnheit befreien?"

Des Gottes Rat: „Wenn sie Poseidon einen Bullen opfern ohne zu lachen und ihn ins Meer werfen, dann werden sie befreit sein."

Nachbetrachtung

Wie verlautet, versuchten es die Bürger von Tiryns, aber sie konnten nicht aufhören zu lachen.

62.

Bulle

In Corcyra (Insel Korfu) hat es sich ereignet, dass ein eigenwilliger Bulle jeden Tag brüllend seine Herde verließ, um an der Meeresküste entlang zu schlendern. Und jeden Tag haben die Hirten beobachtet, dass ein großer Thunfischschwarm auftauchte, sobald der Bulle entlang seines Weges brüllte. Jedoch konnten die Hirten diese Fische nicht fangen. In Verwunderung und Verzweiflung darüber sandten sie eine Delegation nach Delphi.

Orakel

Zeit: frühes 5. Jahrhundert v. Chr.

Pilger: eine Delegation aus Corcyra

Anfrage: Sicherlich wurde gefragt, was sie bisher falsch gemacht haben und wie sie es in der Zukunft besser machen könnten.

Des Gottes Rat: „Opfert den Bullen Poseidon [lateinisch: Neptun, Gott des Meeres]."

Nachbetrachtung

Die Bürger von Corcyra erbrachten das Opfer und fingen die Fische. Sie opferten jeweils 10 % des Fanges für Delphi und Olympia. Außerdem sandten sie einen bronzenen Bullen nach Delphi und nach Olympia.

63.

Weitere Bullen

Plutarch erwähnte in seiner *Moralia* eine Inschrift in Delphi, die besagte: „Vermeide Übertreibungen". Vielleicht hatten die Bürger aus Corcyra dies vergessen, als sie 10 % des Thunfischfanges **und** einen bronzenen Bullen nach Olympia wie auch nach Delphi opferten.

Pausanias, der berühmte Schriftsteller des 2. Jahrhunderts n. Chr., bereiste Griechenland und berichtet dieses: „Über die geweihte Gabe in Olympia habe ich folgendes Ereignis gehört. Ein kleiner Knabe - unter dem Bullen sitzend - beugte sich herunter und spielte. Plötzlich hob er den Kopf, schlug ihn gegen die Bronze und starb wenige Tage danach von diesem Schlag."

Orakel

Pilger: Eliser aus Olympia

Anfrage: „Trägt die Bronze aus Corcyra Blutschuld, und sollten wir uns von ihr trennen?"

Des Gottes Rat: „Erbringt Sühneopfer, um den Bullen wegen des ungewollten Totschlags zu reinigen."

64.

Niederlage im Krieg

Eine Stadt wurde im Krieg durch Kleisthenes aus Sikyon ungefähr 591 oder 590 v. Chr. besiegt. Es ist nicht klar, welche von zwei Städten als Quelle für diese Prophezeiung diente.

(Aus verschiedenartigsten Gründen dauerte die Dynastie der Orthagonas von Sikyon ein ganzes Jahrhundert, ungefähr von 665 – 565 v. Chr. Kleisthenes, der 30 Jahre regierte, war der hervorragendste Regent aus diesem bemerkenswerten Herrscherhaus.)

Orakel

Pilger: entweder aus Pellene oder Ägina

Anfrage: „Sollten wir unsere alte Stadt wieder besiedeln oder eine neue bauen?"

Des Gottes Rat: „Nehmt die Spitze und ihr werdet die Mitte haben."

Keine Nachbetrachtung!

65.

Ein rollender Stein

Die folgende Prophezeiung betrifft den Beginn der berühmten Kypselos-Dynastie aus Korinth.

Orakel

Zeit: ungefähr 685 v. Chr.

Pilger: Eetion aus Korinth

Anfrage: Keine, er wurde sofort nach seinem Eintreten von Pythia angesprochen.

Des Gottes Rat: „Eetion, niemand ehrt dich, obgleich du große Ehre verdienst. Labda wird schwanger und einen „rollenden Stein" hervorbringen, dieser wird unter Könige fallen und Korinth befreien."

Nachbetrachtung

Eetions Frau Labda gebar ein Kind, einen „rollenden Stein" aus folgendem Grund: Feinde entführten den kleinen Knaben, um ihn zu töten. Zehn Männer gaben das Baby von einem zum anderen, jeder gleichermaßen unfähig, das kleine lächelnde Geschöpf umzubringen. So gaben sie das Kind der Mutter zurück. Er wuchs auf und wurde Kypselos, der große König von Korinth, der 30 Jahre regierte.

Reichtum und Macht, die das Herrscherhaus des Kypselos erlangte, wurden durch Opfergaben in Delphi entsprechend gewürdigt.

66.

Bewertung

Dies ist sicher kein wahres Orakel, aber ein Sprichwort, das zu dieser Zeit mit dem Orakel von Delphi in Zusammenhang gebracht wurde. Die Antwort der letzten zwei Zeilen des Spruches war jederzeit veränderbar, sie hing vom Land ab, das herabgesetzt werden sollte. Die vorhergehenden Zeilen konnten angepasst werden, angeblich um zu schmeicheln.

Orakel

Zeit: ungefähr 700 v. Chr.

Pilger: eine Delegation aus Aigion in Achaia (oder Megara)

Anfrage: „Welches sind die besseren Hellenen [Griechen, Hellas = Griechenland]?"

Des Gottes Rat: „Die Pelasgiotis haben besseres Land, Thessalien hat bessere Pferde, Sparta hat bessere Frauen. Die, die Wasser aus Arethusa trinken, sind bessere Menschen, aber besser als diese sind die Argiver, die zwischen Tiryns und Arkadien wohnen. Und ihr aus Aigion in Achaia (oder Megara) seid nicht die Dritten oder Vierten oder Zwölften. Ihr seid nicht in der Bewertung."

67.

Hungersnot und die verletzte Gottheit

Hungersnot folgte der Nachlässigkeit, dass man eine hölzerne Statue der „Schwarzen Demeter", die durch Feuer vernichtet wurde, nicht ersetzte. Demeter war die Göttin der Landwirtschaft. (Die Statue war mit einer schwarzen Tunika bekleidet, welche die Trauer der Göttin um den Verlust ihrer Tochter Persephone darstellte, die in die Unterwelt entführt wurde, um den Gott des Todes zu ehelichen.)

Orakel

Pilger: Arkadier aus Phigalia

Anfrage: „Wie können wir von der Hungersnot befreit werden?"

Des Gottes Rat: „Arkadier aus Phigalia, ihr habt euch von Wurzeln ernährt, bis euch Demeter die Kunst der Landwirtschaft lehrte, um euer Leben als Nomaden zu vervollkommnen. Und jetzt entzieht ihr der Gottheit die traditionelle Verehrung.

Wenn ihr nicht ihren Ärger mit öffentlichen Trankopfern und durch Schmücken ihrer Höhle besänftigt, werdet ihr gezwungen sein, euch gegenseitig aufzufressen und eure eigenen Kinder zu verzehren."

Nachbetrachtung

Arkadien war das sprichwörtliche pastorale Paradies. Dieses Orakel bringt zum Ausdruck, dass die Begabtesten nicht ohne frommes und göttliches Wohlwollen erfolgreich sein können.

68.

Die Ödipus-Sage (1)

König Laios und Königin Iokaste von Theben blieben während vieler Ehejahre kinderlos. Es gab keinen Thronerben.

Orakel

Pilger: König Laios von Theben

Anfrage: wegen des Wunsches nach einem Sohn

Des Gottes Rat: „König von Theben - berühmt für seine Pferde! – strebe nicht danach, Kinder zu zeugen gegen den Willen des Himmels; denn, falls du einen Sohn zeugest, wird er dich umbringen und dein ganzes Haus wird durch Blut waten."

Nachbetrachtung

Iokaste gebar einen Sohn. Sie erinnerten sich an die Prophezeiung und gaben das Kind einem Bediensteten, um es auf einem Berg auszusetzen. Der Diener hatte nicht das Herz, es zu tun, und gab den Knaben jemand anderem. Das Kind Ödipus wurde von Polybus, König von Korinth, erzogen und zwar wie sein eigenes.

69.

Die Ödipus-Sage (2)

Ödipus wuchs zu einem Mann heran, dem Prinzen von Korinth. Bei einem Bankett erzählte ein betrunkener Mann, Ödipus sei nicht der wirkliche Sohn des Königs Polybus. Sein Vater und seine Mutter sagten, es sei Unsinn, was er gehört habe, aber Ödipus war zutiefst bekümmert durch die Bemerkung des Betrunkenen. Er reiste nach Delphi auf der Suche nach der Wahrheit.

Orakel

Pilger: Ödipus

Anfrage: „Wer bin ich?"

Des Gottes Rat: „Du wirst deinen eigenen Vater umbringen und das Bett deiner Mutter schänden."

Nachbetrachtung

Nach dieser schrecklichen Prophezeiung war Ödipus entschlossen, seine Heimat zu verlassen, um sich den vom Orakel angedeuteten Konsequenzen zu entziehen. Auf seiner Reise kam er zu einer dreieckigen Straßenkreuzung. Hier die Worte des sophokleischen Ödipus':

„Ein von Rossen gezogener Wagen kam mir in den Weg, und der alte Mann, der befördert wurde, befahl seinen Dienern, mich unsanft vom Wege zu stoßen. Der Wagenführer drängte mich ab und ich schlug ihn, dann ging ich am Wagen vorbei. Als ich so ging, schlug der alte Mann mit voller Wucht

einen Stachelstock auf meinen Kopf. Der Stab in meiner Hand war schnell, und dann erschlug ich alle."

Ödipus ging weiter. Schließlich machte er sich auf den Weg nach Theben. Am Eingang der Stadt begegnete er der räuberischen Sphinx. Sie stellte ihm ein Rätsel auf Leben oder Tod. Ödipus beantwortete das Rätsel richtig und die Sphinx fiel um und war tot. Der Prinz wurde als der Erretter von Theben empfangen. Da der König, Laios, umgebracht worden war, sprach man Ödipus das Königtum zu, er sollte des Königs Witwe, Königin Iokaste, heiraten. König Ödipus regierte gut, wurde geachtet als ein außergewöhnlicher Mann mit großen Fähigkeiten. Er und seine Frau zeugten vier Kinder, zwei Söhne und zwei Töchter.

70.

Die Ödipus-Sage (3)

Theben wurde von nicht endenden Epidemien heimgesucht. Das Volk erflehte Hilfe von seinem König. Ödipus sandte seinen Minister Kreon, Königin Iokastes Bruder, nach Delphi, um prophetischen Rat zu erbitten.

Orakel

Pilger: König Ödipus von Theben fragt an durch Kreon

Anfrage: „Was sollen wir tun oder sagen, um unsere Stadt zu bewahren?"

Des Gottes Rat: „Verjagt den Schänder aus dem Land. Rächt den Mörder von König Laios. Verbannt oder tötet seinen Mörder."

Nachbetrachtung

Kreon kehrt mit der Antwort des Orakels von Delphi nach Theben zurück. Ödipus schwor, den Mann, der Laios umgebracht hatte zu jagen, und ihn aus dem Land zu verbannen.

Natürlich, **Ödipus** war dieser Mann. Die ursprüngliche delphische Prophezeiung hat sich wirklich als wahre Prophezeiung erwiesen. Ödipus hatte seinen Vater getötet und seine Mutter geheiratet.

Die großartige Tragödie von Sophokles, ***König Ödipus***, kann als vollkommenes Meisterwerk angesehen werden.

71.

Die Ödipus-Sage (4)

Der durch eigene Hand erblindete verarmte, jetzt alte Ödipus führt ein Wanderleben zusammen mit seiner geliebten Tochter Antigone.

Orakel

Pilger: Ödipus

Anfrage: wegen seines „traurigen Daseins"

Des Gottes Rat: „Du wirst dein trauriges Dasein abschließen in einem Land, in dem die Göttinnen der Furcht residieren. Du wirst dort eine freundliche Unterkunft finden, und deine Gastgeber werden davon profitieren, dass du deine Grabstätte dort haben wirst. Und dies wird den Bann deiner Verfolger brechen.

Du wirst die Zeit deines Todes durch ein Zeichen von Zeus erkennen: Erdbeben oder Donner oder Blitz."

Nachbetrachtung

In *Ödipus auf Kolones*, Sophokles' Folgestück nach *König Ödipus*, machen sich Ödipus und Antigone langsam auf ihren Weg nach Athen. Er möchte sterben und dort in seinem Grab wohnen, ein Schutz für das Land.

Sein Begräbnis in Athen wird ein Fluch für Theben sein, von wo er verbannt war. Seine Söhne, Eteokles und Polyneikes, Doppelkönige von Theben, verweigerten - zusammen mit ihrem Minister Kreon - Ödipus die Erlaubnis, in Theben zu bleiben, nachdem er auf den Thron verzichtet hatte.

Ödipus auf Kolones von Sophokles im Alter von 90 Jahren geschrieben, erzählt die Geschehnisse um Ödipus während seines letzten Tages auf dieser Erde.

72.

Die Ödipus-Sage (5)

Orakel

Pilger: Repräsentanten aus Theben

Anfrage: den Schutz von Theben betreffend, vielleicht besonders wegen der Rolle des Ödipus

Des Gottes Rat: „Ödipus wird, ob lebendig oder tot, Sicherheit nach Theben bringen, wenn er sich in ihrer Gewalt befindet. Andernfalls wird er Schmerz bringen."

Nachbetrachtung

Eteokles und Polyneikes haben sich in einem einzigen Kampf gegenseitig erschlagen. Kreon wurde König von Theben und ein Despot. Er und seine Soldaten gehen nach Athen, um Ödipus zu entführen. Theseus, König von Athen, beschützt Ödipus und seine Töchter Antigone und Ismene.

Das „Zeichen des Zeus", von dem das Orakel zu Ödipus sprach, „Erdbeben oder Donner oder Blitz": Donner und Blitz kündigen die Zeit seines Todes an. Ödipus nimmt Abschied von seinen Töchtern und geht allein (geführt vom Gott Hermes) zu der Stelle, wo er als ein Schutz für Athen sterben und begraben sein möchte.

73.

Der Wahnsinn des Herkules

Herkules hatte bereits als junger Krieger heldenhafte Dinge vollbracht, bevor er durch seine großartigen Taten berühmt wurde. Er befreite die Bürger Thebens von einer Übermacht. Als Folge davon gab Kreon, der König von Theben, die Prinzessin Megara Herkules zur Frau, machte ihn zu seinem Schwiegersohn und betraute ihn mit der Regierung der Stadt.

Eurystheus, der König von Argos, fürchtete Herkules' zunehmende Macht. Er sandte dem jungen Gouverneur von Theben eine Vorladung, mit der er ihn bat, nach Argos zu kommen und bestimmte Arbeiten für ihn auszuführen, und zwar gefährliche Aufgaben.

Herkules ignorierte die Vorladung aus Argos. Dann, überraschenderweise, befahl der König der Götter, Zeus selbst, dem jungen Helden Herkules, Eurystheus in dieser Weise zu dienen. Zeus war nicht nur König der Götter, sondern des Helden eigener Vater.

Herkules, gedemütigt allein durch den Gedanken, einem untergeordneten Sterblichen dienen zu müssen, wenn auch befohlen von Zeus, reiste nach Delphi mit der Bitte um Rat.

Orakel

Pilger: Herkules

Anfrage: „Muss ich tun wie mir befohlen, Arbeiten für einen gewöhnlichen Mann zu vollbringen?"

Des Gottes Rat: „Vollbringe die 12 Arbeiten für Eurystheus. Führe diese erfolgreich aus, und du wirst das Geschenk der Unsterblichkeit erhalten."

Nachbetrachtung

Herkules konnte diesen Rat und die Erniedrigungen einer solchen Knechtschaft nicht aushalten. Zerrissen zwischen seiner eigenen Neigung und dem Befehl von Zeus -bekräftigt durch den Rat Apollos - überfiel Herkules eine Unentschlossenheit und tiefe Depression. An diesem Punkt ließ Hera, Königin der Götter, den Helden dem Wahnsinn verfallen, und in solch einem Zustand betrachtete er seine eigenen Kinder als Feinde. Er spannte Pfeil und Bogen und tötete sie. (Euripides schrieb ein Schauspiel über diesen Mythos, *Herkules*.)

Nachdem Herkules von diesem Wahnsinn geheilt war, tat er, was die Götter befohlen hatten. Die berühmten Taten beinhalteten Abenteuer mit dem Nemeischen Löwen, der Lernäischen Schlange, dem Erymanthischen Eber, den menschenfressenden Rossen des thrakischen Königs Diomedes und den goldenen Äpfeln der Hesperiden. Herkules war auch verpflichtet, den dreiköpfigen Wachhund der Hölle, Zerberus, aus der Unterwelt zur Erdoberfläche zu schleppen.

Mit großem Erfolg vollbrachte er alle 12 Arbeiten, welche dazu beitrugen, die Welt zu zivilisieren - eine großartige Mission war somit erfüllt. Die Befehle vom Olymp, der innere Konflikt des Helden, das furchtbare Töten seiner Kinder, die erniedrigende Knechtschaft – es muss einen göttlichen Plan in all diesem gegeben haben.

74.

Die Leiden des Herkules

„Die Leiden des Herkules" denke ich, wäre ein guter Titel für die wunderbare Tragödie des Sophokles über den starken und mutigen Helden. Der Dramatiker nannte sie: *Die Trachinierinnen* wegen des Chors der Trachinierinnen.

Orakel

Dies wurde tatsächlich von Zeus, dem König der Götter, zu Herkules gesagt:

„Du wirst erschlagen durch keine Kreatur,
die Leben in sich hat, sondern durch eine,
die bereits in der Unterwelt wohnt."

Nachbetrachtung

Herkules strebte danach, die Hand Deianeiras zur Heirat zu gewinnen. Es war notwendig, gegen den Gott des Flusses Acheloos zu kämpfen, der ebenfalls um sie warb. Deianeira sollte mit dem Sieger gehen. Herkules tötete den Flussgott und heiratete das Mädchen.

Auf dem Weg zu seinem Haus in Trachis kamen sie zu einem Fluss. Nessus, ein Zentaur (halb Mann, halb Pferd) diente als Fähre, um den Fluss zu durchqueren. Die Reisenden saßen auf seinem Rücken.

Deianeira ging zuerst, Herkules wartete am Ufer. Während sie den Fluss durchquerten, versuchte Nessus, sie zu vergewaltigen. Herkules schoss auf den Zentaur mit einem vergifteten Pfeil und tötete ihn. Während er starb, gab Nessus Deianeira einen Talisman bestehend aus geronnenem Blut seiner Wunde. Nehme diesen Liebestrank, sagte er, und benutze ihn, wenn es sich zeigen sollte, dass Herkules untreu ist.

Viele Jahre gingen vorüber, in denen sich Herkules' lüsterner und promiskuitiver Charakter zeigte. Schließlich zerstörte Herkules eine Stadt, um die Prinzessin zu erobern; er sandte das Mädchen Iole zurück nach Trachis, damit sie seine Geliebte werde. Deianeira erinnerte sich an das Geschenk von Nessus und sandte ihrem Mann eine mit dem Liebestrank preparierte Tunika. Das Gewand, durchdrungen vom tödlichen Gift des sterbenden Zentaurs giftiger Wunde, war nicht mehr zu entfernen, nachdem es Herkules angelegt hatte. Der große Held wurde unter Qualen nach Hause gebracht, wo er noch eine Zeit unter furchtbaren Schmerzen dahinsiechte.

Die Prophezeiung: Der tote Mann, der Herkules töten sollte, war in der Tat Nessus.

(Die Deianeira des Sophokles ist eine einfühlsame, gerechte und realistische Heldin, die ihr weltliches Schicksal weniger verdiente als der unglückliche Herkules. Als sie die Auswirkung ihres Geschenkes sah, nahm sie sich das eigene Leben.)

75.

Der Tod des Herkules

Der Held lag mit großen Qualen im Sterben, es war nicht möglich, das giftgetränkte Gewand des Nessus abzulegen. Er sandte Freunde nach Delphi, um Rat zu holen.

Orakel

Pilger: Iolaus und Likymnius, im Auftrag des Herkules

Anfrage: „Was kann in Herkules' schrecklicher Not getan werden?"

Des Gottes Rat: „Bringt Herkules zusammen mit seinen Waffen und seiner Rüstung zum Berg Öta. Errichtet neben ihm einen großen Scheiterhaufen. Was dann noch zu tun ist, bleibt Zeus überlassen."

Nachbetrachtung

Die Einäscherung des sagenhaften Helden Herkules auf dem Berg Öta führte zu seiner Vergötterung. („Vollbringe die 12 Arbeiten und du wirst das Geschenk der Unsterblichkeit erhalten.")

76.

Verbotene Sexualität

Ein Priester des Herkules-Misogynos-Heiligtums (frauenfeindlich) in Phokis verstieß gegen ein Tabu, indem er geschlechtlichen Verkehr mit einer Frau hatte. Er suchte Rat beim Orakel von Delphi.

Orakel

Pilger: der Priester des Herkules-Misogynos-Heiligtums

Anfrage: „Gibt es irgendeine Vergebung oder Sühne für mein Vergehen?"

Des Gottes Rat: „Gott vergibt alle Dinge, die sein müssen."

Nachbetrachtung

„Herkules-Frauenfeind" muss sich auf das unbeabsichtigt tötliche Geschenk Deianeiras an ihren Ehemann beziehen, die vergiftete Tunika des Nessus.

Dieses Heiligtum wählte normalerweise einen Priester, der bereits ein alter Mann war, da er sich verpflichten musste, während der einjährigen Dauer seines Dienstes sexuell enthaltsam zu leben. Der Priester, der gesündigt hatte, war ausnahmsweise ein junger Mann. Er war verliebt in ein Mädchen und hatte seit seiner Berufung vermieden, sie zu sehen. Der Priester hatte getrunken und getanzt, als das junge Mädchen unerwarteterweise erschien. Das war die Gelegenheit für sein Vergehen. Ich stelle mir vor, dass der Priester all dies Pythia erklärte.

77.

Eroberung

Die Herakliden, Nachkommen des Herkules, planen, den Peloponnes zu besetzen.

Orakel

Pilger: König Temenos von den Herakliden

Anfrage: „Wie können wir den Peloponnes erobern?"

Des Gottes Rat: „Geht durch die Straße bei der engen Stelle."

Pilger: „Unsere Väter gehorchten der gleichen Anweisung, als du ihnen diese gegeben hast, und begegneten einer Katastrophe."

Des Gottes Antwort: „Ihr seid selbst die Ursache eures Unglücks, da ihr das Orakel missverstanden habt. Ich meinte nicht die dritte Ernte auf den Feldern, sondern die dritte Ernte der Generationen; und ich meinte die Verengungen des Meeres und nicht die von Isthmus. Eure Väter haben nicht gefragt, welche Verengungen ich meinte, ob die von Isthmus oder die Straße von Rion und Molykria."

78.

Zwei Krüge

Eleusis, 18 km von Athen, war der Schauplatz berühmter Festspiele und der Eleusinischen Mysterien. Die Mysterien waren geheime Einweihungen für die Frommen, die angeblich Segen brachten, hier und im Jenseits.

Die athenischen Anfrager hier hatten zwei Fragen, sie wünschten ein Ja oder Nein, ob sie bestimmte Ländereien in Eleusis verpachten sollten oder nicht. Die positive Frage war eingraviert auf eine Blechtafel und die negativ-formulierte Frage auf eine andere Blechtafel.

Die beiden Tafeln wurden in Athen bedruckt und die eine wurde in einen goldenen Krug, die andere in einen silbernen Krug verschlossen. Man hat darauf geachtet, dass niemand wusste, welche Tafel in welchem Krug verschlossen war. Dann wurde eine Delegation mit den versiegelten Kannen aus Gold und Silber nach Delphi gesandt. Dies fand 352 oder 351 v. Chr. statt.

Orakel

Pilger: Athener

Versiegelte und nicht ausgesprochene Frage Nummer 1: „Ist es besser für die **demos** [den Staat] von Athen, dass die *basileus,* das brachliegende Land innerhalb der heiligen *orgas,* jetzt verpachtet wird, um einen Portikus zu errichten und das Heiligtum der Göttinnen zu renovieren?"

Versiegelte und nicht ausgesprochene Frage Nummer 2: „Ist es besser für die **demos** [den Staat] von Athen, dass das brachliegende Land innerhalb der Grenzen der heiligen *orgas* weiterhin unbearbeitet bleibt für die Göttinnen?"

Die Gesandten überreichten Pythia beide Krüge und fragten: „Sollten sich die Athener gemäß den Worten im goldenen Krug oder gemäß denen im silbernen Krug verhalten?"

Des Gottes Rat: (eine mündliche Antwort) „Es ist besser für sie, wenn das Land unbearbeitet bleibt."

79.

Das Bankett des Thyestes

Atreus war König von Argos, Vater von Agamemnon und Menelaus. Sein Bruder Thyestes verführte die Königin. Atreus rächte sich bei seinem Bruder in einer ziemlich dramatischen Art, indem er die beiden Söhne von Thyestes umbrachte, sie schlachtete und bei einem Bankett Thyestes servierte. Daher der schauerliche Gedanke bei dem Ausdruck „ein Bankett des Thyestes". (Shakespeare benutzte dieses Motiv in *Titus Andronicus*.)

Orakel

Pilger: Thyestes

Anfrage: „Ich möchte mich an meinem Bruder Atreus rächen. Wie kann ich das schaffen?"

Des Gottes Rat: „Schlafe mit deiner Tochter und zeuge einen Sohn."

Nachbetrachtung

Der Sohn dieser inzestuösen Vereinigung war Ägisthus. Er sollte die Kette der Rache fortführen, indem er Atreus umbrachte; dann lebte er in eheähnlicher Gemeinschaft mit Klytämnestra, der Frau von Atreus' Sohn Agamemnon. Klytämnestra und Ägisthus zusammen ermordeten Agamemnon als er aus Troja zurückkehrte.

80.

Orest: Die Ermordung des Agamemnon

Agamemnon, König von Argos und Hauptbefehlshaber der griechischen Streitkräfte in Troja, hat seine Tochter Iphigenie in einem rituellen Opfer der Göttin Artemis dargebracht. Dann hat die besänftigte Göttin die Winde im Hafen von Aulis freigegeben, so dass die griechischen Schiffe nach Troja segeln konnten.

Agamemnon erntete seinen beabsichtigten Ruhm im Krieg, aber zog wegen Iphigenie den Hass seiner Frau, Königin Klytämnestra, auf sich. Klytämnestra nahm sich einen Geliebten solange ihr Mann in Troja war, seinen Vetter und Feind, Ägisthus. Während Agamemnons Abwesenheit regierten sie zusammen in Argos.

Die Königin wartete auf die Heimkehr ihres Mannes vom Krieg. Nach seiner Ankunft bereitete sie ihm das rituelle Bad für einen heimkehrenden Krieger. Agamemnon trug im Bad ein Geschenk seiner Frau, einen weiten faltigen Morgenrock. Die Robe war so groß und wuchtig, dass er sich nicht davon befreien konnte, als der Dolch seiner Frau in ihn gestoßen wurde.

In dieser prä-jurisprudentialen Zeit war es die Pflicht des Sohnes, seinen Vater zu rächen. Ägisthus war eine deutliche Zielscheibe. Aber der Gott Apollo bestand darauf, dass Orest ebenfalls seine Mutter tötete.

Orakel
    Pilger: Orest

Anfrage: „Mein Vater wurde durch Ägisthus und meine eigene Mutter Klytämnestra ermordet. Was muss ich tun?"

Des Gottes Rat: „Du musst deinen Vater rächen, indem du jene tötest, die ihn ermordet haben. Du musst Ägisthus umbringen und Klytämnestra ebenfalls, da sie beide Agamemnon umgebracht haben.

Wenn nicht, wirst du in deinem Leben dafür bezahlen müssen. Böse Mächte werden sich aus der Unterwelt erheben, um dich zu quälen und dich in den Wahnsinn zu treiben. Du wirst heimatlos, gottlos, ohne Freunde, ein Ausgestoßener der Gesellschaft und ein Fremdling für die Götter sein. Und dann folgt ein dahinsiechendes Sterben.

Nachdem die Rache ausgeführt ist, komme zu meinem Heiligtum in Delphi. Erbitte keine Hilfe irgendwo anders."

Nachbetrachtung

Orest tötet seine Mutter und Ägisthus. Bei Homer ist sein Lob unbegrenzt, und er hat nicht unter Konsequenzen zu leiden.

Äschylus' Glanzleistung, **_Die Choephoren_**, der zweite Teil der **_Orestie_**-Trilogie, beschreibt den unheimlichen inneren Konflikt des Orest, bevor er endlich beschließt, seine Mutter zu töten.

Euripides' **_Elektra_** hebt hervor, wie Elektra ihren Bruder zu überreden hat, um den Muttermord auszuführen. Der Bilderstürmer Euripides lässt am Ende Apollo erscheinen, um zu erklären, daß das Orakel und der Muttermord alles ein Versehen war!

81.

Orest: Verfolgung durch die Furien

Orest tötet seine Mutter Klytämnestra, um seinen Vater zu rächen. Die Furien verfolgen ihn wegen dieses Verbrechens, und er leidet unter Anfällen von Wahnsinn. (Die Furien bei Äschylus und Euripides sind beides, übernatürliche Bluträcher und symbolisch für das moralische Gewissen.)

Jetzt hat Orest Apollos Tempel in Delphi betreten. Er sitzt auf dem Nabelstein im Inneren des Heiligtums, hält als Flehender einen Olivenzweig in seiner Hand und ist umgeben von Furien, den rachsüchtigen Göttinnen der Hölle. Die Furien schlafen, durch Apollo verzaubert, der neben Orest steht.

Orakel

Pilger: Orest

Anfrage: unter den Umständen nicht erforderlich

Des Gottes Rat: „Ich werde dich beschützen und nicht von deiner Seite weichen, auch wenn du weit entfernt bist. Diese abscheulichen Geschöpfe der Hölle werden dich verfolgen, wo immer du dich auf dieser Erde befindest. Du musst weiterhin vor ihnen fliehen, niemals aufgeben, lass' dich niemals von deinen Leiden bezwingen. Fliehe, bis du Athen erreichst, ein Flehender vor Athenes altem Standbild. Dann wirst du wegen des Muttermords, den ich dir aufgetragen habe, vor Gericht stehen.

Wir werden einen Weg finden, dich von dieser Qual zu befreien. Fürchte dich nicht."

Nachbetrachtung

In den *Eumeniden*, dem dritten Teil der *Orestie*-Trilogie des Äschylus, findet in Athen ein Prozess wegen Orests Verbrechen vor 12 Geschworenen statt, geführt von der Göttin Athene. Die Furien werden verurteilt, Apollo verteidigt die Angeklagten.

Die Geschworenen geraten in eine Sackgasse, und Athene stimmt bei der Entscheidung für Freispruch. Die Göttin besänftigt die wütenden Furien mit einem Kompromiss: schwere Bestrafung für jene, die es verdient haben, aber Gerechtigkeit gemäß des öffentlichen Rechts, keine persönliche Blutrache.

(Wichtig ist hierbei, Äschylus verbindet Gesetz mit Demokratie, Rache mit Tyrannei.)

82.

Orest: Wiedererlangung geistiger Gesundheit

Orakel

Pilger: Orest

Anfrage: „Wie können meine Leiden zu einem Ende gebracht werden? Wie kann ich meine Sinne und meinen gesunden Verstand wiederfinden?"

Des Gottes Rat: „Gehe nach Tauris, wo meine Schwester Artemis ihren Tempel und ihre Altäre hat. Nehme das vom Himmel gefallene Bildnis der Göttin an dich – wie immer du es bekommen kannst – und bringe es nach Athen."

Nachbetrachtung

Das Orakel betrifft Iphigenie auf Tauris. Sie ist die Schwester von Orest. Er war ein kleiner Knabe, als sie durch ihren Vater verdammt wurde. Einer Darstellung des Iphigenien-Mythos zufolge ist sie nicht wirklich auf dem Altar geopfert worden. Die Göttin Artemis sandte als Ersatz ein Reh und Iphigenie wurde vom Altar gescheucht und nach dem weit entfernten Tauris gebracht. Dort wirkte sie für Artemis als Priesterin und war für die Opfergaben verantwortlich (ironischerweise!).

Orest und sein Vetter Pylades gehorchen dem Orakel und kommen nach Tauris, um das Bildnis der Artemis zu entführen. Sie werden ertappt und dazu verurteilt, geopfert zu werden. Nachdem die Priesterin und die beiden Opfer sich gegenseitig erkennen, fädelt Iphigenie deren und ihre Flucht von Tauris ein.

Aristoteles trug dazu bei, die Erkennungsszene zwischen Iphigenie und ihrem Bruder Orest berühmt zu machen. In seiner Schrift *Poetik* rühmt er Euripides' Wiedergabe davon in *Iphigenie auf Tauris*.

Euripides, für seinen Teil, verwandelt den Mythos der Iphigenie auf Tauris in eine wunderbare Parodie.

83.

Plotinus

Plotinus (205 – 270 n. Chr.) war der hervor-ragendste Philosoph des Neuplatonismus. Er wurde auch „einer der bedeutendsten mystischen Schriftsteller der Welt" genannt, (siehe seine *Enneaden*). Plotinus lehrte, dass es für einen Menschen möglich sei, durch Selbstdisziplin und moralische Reinigung eine Vereinigung mit dem transzendenten Guten zu erreichen.

Orakel

Zeit: sehr bald nach Plotinus' Tod

Pilger: Amelius, ein Neuplatonist und ein Schüler von Plotinus

Anfrage: „Wohin ging die Seele von Plotinus?"

Des Gottes Rat: „Die Musen und ich singen eine Hymne auf Plotinus. Du, Plotinus, einst ein Mann, jetzt ein Geist, hast die Bindung an das Menschsein und den Körper verlassen, und bist zu den Wohnungen der Gesegneten gegangen. Sogar im Leben haben die Götter dir Licht für Visionen gegeben, die andere Sterbliche nur selten sehen. Jetzt erlebst du die Freuden des Paradieses, wo auch Minos, Radamanthys, Aiakos, Plato und Pythagoras wohnen."

84.

Ein Philosoph von Samos

Mnesarchos von der Insel Samos in der östlichen Ägäis plante aus geschäftlichen Gründen eine Reise nach Syrien. Er bat das Orakel von Delphi, ihm das Resultat seiner Reise vorherzusagen.

Orakel

    Zeit: ungefähr 540 v. Chr.

    Pilger: Mnesarchos von Samos

    Anfrage: wegen seiner Reise nach Syrien

    Des Gottes Rat: „Die Reise wird zufriedenstellend und gewinnbringend sein. Seine Frau ist bereits schwanger und wird einen Sohn gebären, der alle früher und zur Zeit lebenden Männer an Schönheit und Weisheit übertreffen wird, und er wird sein ganzes Leben dem Wohle der Menschheit widmen.“

Nachbetrachtung

    Der ihnen geborene Sohn war Pythagoras.

    Die Lehren des berühmten Philosophen in dieser frühen Zeit beinhalteten menschliche Vervollkommnung durch fleißiges Lernen und Selbstreinigung. Er glaubte an Reinkarnation.

    Schüler des Pythagoras gründeten Gemeinschaften, die auch Frauen offenstanden und die sich der Selbstkultivierung durch Ruhe und Kontemplation hingaben. Sie praktizierten auch Vegetarismus.

85.

Tyrannei und Folter

Phalaris war Tyrann von Akragas (lateinisch: Agrigent), einer griechischen Stadt in Italien. Er hat zwei Freunde festgenommen, Chariton und Melanippos, die planten, ihn zu stürzen. Sie wurden gefoltert und starben daran.

Orakel

    Zeit: ungefähr 560 v. Chr.

    Pilger: Verschwörer gegen Phalaris

    Anfrage: „Wie können wir Phalaris angreifen?"

    Des Gottes Rat: „Verschont Phalaris jetzt. Gesegnet sind Chariton und Melanippos, Leitbilder göttlicher Freundschaft für sterbliche Menschen."

86.

Tyrannei des Phalaris

Fünf Jahre sind vergangen seit dem Tod von Chariton und Melanippos. Die Tyrannei geht weiter.

Orakel

Pilger: Bewohner von Akragas

Anfrage: wahrscheinlich, „wie kann der Tyrann von uns gestürzt werden?"

Des Gottes Rat: „Phalaris wird stürzen, wenn sie bessere Menschen werden, größere Harmonie erlangen und Hilfsbereitschaft praktizieren."

Nachbetrachtung

Dank der Befolgung der Lehren des Philosophen Pythagoras lernten die Bürger von Akragas Hilfsbereitschaft untereinander. Sie waren erfolgreich und stürzten den machtbesessenen Tyrann Phalaris.

87.

Der Tyrann von Ephesus

560 v. Chr. Die griechische Stadt Ephesus in Kleinasien (im Südwesten der modernen Türkei). Der Diktator erschlug Gegner, die sich in die Tempel geflüchtet hatten. Er ließ die Leichen unbestattet. Eine junge Frau blieb am Leben und hielt sich in einem der Tempel auf. Der Tyrann ließ sie aushungern, bis sie sich selbst umbrachte. Pestilenz und Hungersnot suchte jetzt das Land heim.

Orakel

Pilger: Pythagoras, Tyrann von Ephesus (er trägt nur zufällig den gleichen Namen wie der Philosoph von Samos)

Anfrage: „Wie kann ich von meinen Schwierigkeiten befreit werden?"

Des Gottes Rat: „Er sollte einen Tempel errichten und die Toten ordnungsgemäß bestatten."

88.

Gründung einer Republik in Megara

Der König von Megara, gehaßt wegen seiner Unverschämtheiten und seiner Habgier, wurde von einem Helden erschlagen. Dann gründete Megara eine Republik. Ein Delegierter kam nach Delphi, um Rat für die neue Regierung zu erbitten.

Orakel

Pilger: Äsymnus von Megara

Anfrage: „Wie können wir in Megara Erfolg erlangen?"

Des Gottes Rat: „Megara wird eine Blütezeit erleben, wenn sie den Rat der Mehrheit erfragen und befolgen."

Nachbetrachtung

Der Rat scheint klar genug: eine Republik sollte immer die Mehrheit des Volkes befragen, was sie wünscht und was sie als Bestes erachtet. Die Bürger von Megara jedoch erbauten ihr Rathaus um ein Grab von Helden herum. Immerhin sind die Toten zahlreicher als die Lebenden und daher eine Mehrheit.

89.

Bündnis

356 v. Chr. hat der überaus ehrgeizige und fähige König Philip II von Makedonien Verhandlungen wegen eines Bündnisses mit dem Völkerbund von Chalkidike geführt.

Orakel

Pilger: König Philip II von Makedonien und Bürger aus Chalkidike

Anfrage: „Sollen wir dieses Bündnis schließen?"

Des Gottes Rat: „Sie sollten Freunde und Verbündete werden gemäß der vereinbarten Bedingungen. Sie sollten Zeus, Teleos und Hypatos, Apollo, Prostaterios, Artemis, Orthosia und Hermes Opfer darbringen und beten, dass das Bündnis erfolgreich werde; und außerdem Apollo in Pytho Dank sagen und Geschenke machen."

Nachbetrachtung

Das Bündnis hat bald danach eine von Athen organisierte Koalition der Streitmächte des Balkans besiegt. Später hat sich Philip gegen seine Verbündeten gerichtet und Chalkidike erobert.

90.

Philip von Makedonien

Ungefähr 350 v. Chr. hat König Philip II von Makedonien das Orakel von Delphi erneut besucht.

Orakel

Pilger: König Philip

Anfrage: Der König bat aller Wahrscheinlichkeit nach um Rat, wie er höchste Macht erlangen könne.

Des Gottes Rat: „Kämpfe mit silbernen Speeren und du wirst alles gewinnen."

Nachbetrachtung

Dieser König war einer der wirklich großen Eroberer in der Geschichte. Seine Fähigkeiten vereinigten politische Geschicklichkeit, militärische Tapferkeit, Staatskunst und ein umfassendes Verständnis der Volkswirtschaft. Er bildete eine Berufsarmee mit patriotischem Geist und er verstand es, die an seinem Weg liegenden Staaten zu entzweien und zu erobern. Er machte ausgezeichneten Gebrauch vom „Silber-Speer" – wirtschaftliche Anreize oder direkte Bestechungen.

Philip brachte das geteilte und schwierige Makedonien unter seine Vorherrschaft, dann zog er südwärts über ganz Griechenland. Sie wissen bereits, was in Chalkidike geschah. In der berühmten Schlacht von Chäronea 338 v. Chr. wurde das Bündnis von Athen und Theben (Sparta hatte zu dieser Zeit viel von seiner Macht verloren) eindeutig besiegt. Die Epoche der unabhängigen griechischen Stadt-Staaten und des klassischen Zeitalters war zu Ende.

Philip wurde bei einem Attentat im Alter von 46 Jahren getötet, sein Sohn Alexander erbte das makedonische Königreich. Alexander der Große, als der er in die Geschichte einging, vergrößerte und vergrößerte das Reich bis seine Armee – irgendwo in Indien – beschloss, es sei nicht wert, weiterzugehen.

91.

Rom und Karthago: Der zweite Punische Krieg

Karthago war im ersten Jahrtausend v. Chr. eine florierende und gewaltige phönizische Seehandelsmacht an der Nordküste Afrikas, in der Nähe des heutigen Tunis. Der Aufstieg der römischen Republik hat notgedrungen zu Feindseligkeiten zwischen den beiden Mittelmeerstaaten geführt, die drei Punische Kriege zur Folge hatten.

Im zweiten Krieg (218 – 201 v. Chr.) kamen die Karthager den Römern zuvor mit der gewagten und meisterhaften Invasion Italiens durch ein Militär-Genie, dem tapferen Hannibal. Seine Überquerung der Alpen mit Kriegselephanten wurde legendär.

Hannibal besiegte Rom in aufeinanderfolgenden Kämpfen. Der vernichtende Sieg bei Cannä (216 v. Chr.) gegen überlegene Streitkräfte ist das klassische Modell einer großartigen Militärführung. Aufgrund dieser Katastrophe, die die römische Moral ernsthaft erschütterte, machte sich eine Gesandtschaft aus Rom auf den Weg nach Delphi, um vom Orakel des Apollo prophetischen Rat zu erbitten.

Orakel

Pilger: eine Delegation aus Rom

Anfrage: „Mit welchen Gebeten und Anflehungen können wir den Göttern gefallen, und wie wird das Ergebnis dieses Desasters aussehen?"

Des Gottes Rat: „Bringt Opfergaben dar für Zeus und die anderen Götter. Falls ihr dies tut, wird sich eure Situation verbessern, die Republik wird sich gemäß eurer Wünsche weiterentwickeln und das römische Volk wird siegreich sein im Krieg. Sendet aus euren Einkünften ein Geschenk an Apollos Pythios für das Beschützen eurer Republik und ehrt ihn mit einer Gabe aus der Beute. Haltet euch fern von Lasterhaftigkeit."

Nachbetrachtung

Rom wird Karthago zerstören und das Mittelmeer beherrschen. Das Kaiserreich wird gewaltig groß und für eine lange Zeit bestehen, man bringt es in Zusammenhang mit Namen wie Pompei, Julius Cäsar, Mark Antonius und Kaiser Augustus.

92.

Cicero

Der berühmte römische Redner und Anwalt, Senator und Staatsmann hat angeblich 79 v. Chr. Delphi besucht.

Orakel

Pilger: Cicero

Anfrage: „Wie kann ich die größte Berühmtheit erlangen?"

Des Gottes Rat: „Lasse dich von deiner eigenen Natur führen und nicht von der Meinung der Menge."

Nachbetrachtung

Cicero hatte entschieden – bereits vor seinem Besuch in Delphi – sich der Philosophie hinzugeben, falls er von den öffentlichen Geschäften ausgeschlossen würde. (Die Zuwendung zu philosophischen Studien dürfte „seine eigene Natur" gewesen sein.)

Plutarch, unsere Quelle für diesen delphischen Rat, schrieb, dass das Orakel „sehr deutlich Ciceros Drang in das politische Leben, das so voll Hoffnung war, dämpfen sollte."

Doch der begabte Römer - trotz des Orakels - führte seine vielversprechende politische Karriere weiter, wobei er sich notgedrungen vornehmlich mit der Meinung der anderen befasste („Meinung der Menge"?).

Er wurde äußerst erfolgreich und wohlhabend. Schließlich stellte sich jedoch heraus, dass er sich auf der falschen politischen Seite befand, er wurde zum Tode verurteilt und getötet.

93.

Homer

Homer war der epochemachende blinde Dichter, der die Heldengedichte *Ilias* und *Odyssee* verfasste. Sein tatsächlicher Geburtsort und seine Abstammung bleiben ein Geheimnis bis in die heutige Zeit.

Orakel

Zeit: Regentschaft des Hadrian

Pilger: Kaiser Hadrian

Anfrage: „Von welchem Ort kam Homer, und wessen Sohn war er?"

Des Gottes Antwort: „Sein Wohnsitz war Ithaka. Telemach war sein Vater und Epikaste Nestors Tochter war seine Mutter, die ihn gebar, damit er ein sehr weiser Mann werde."

Nachbetrachtung

Hat der Kaiser dies vermutet bevor er die Frage stellte? Hat Pythia von seiner Vermutung gewusst oder diese geahnt?

Wie auch immer, das Orakel verbindet den „sehr weisen Mann" Homer mit dem klugen, schlauen und genialen Odysseus, von dem Homer Lobeshymnen sang. Odysseus war König von Ithaka und, so nehme ich an, Telemach im Orakel war der Sohn des Odysseus, Telemach.

94.

Verbannung

Dion Chrysostomos (ungefähr 40 - 120 n. Chr.), Autor von *Diskursen*, war ein feiner Schriftsteller und Philosoph. Gebürtig aus Bithynien in Kleinasien lebte er in Italien unter dem Römischen Reich, wo er Kaiser Domitian kritisierte und deshalb aus beiden Ländern, Italien und Bithynien, verbannt wurde. Dion reiste nach Delphi auf der Suche nach Rat vom Orakel des Apollo. Er war zu dieser Zeit vielleicht 45 Jahre alt.

Orakel

Anfrage: „Was soll ich mit meinem Leben machen?"

Des Gottes Rat: „Fahre fort all das, was dich jetzt beschäftigt, mit ganzem Herzen zu tun. Denn dies ist die ehrenvollste und nützlichste Betätigung. Tue dies, bis du zu den äußersten Enden der Erde kommst."

(Dion nannte dies „eine seltsame Art der Antwort und eine, die nicht leicht zu deuten ist.")

Nachbetrachtung

Dion wanderte in Armut zu vielen Orten. Seine Reisen führten ihn in den Norden zur Donau und in den Osten nach Alexandrien, Ägypten.

Die 80 Diskurse und andere Schriften von Dion Chrysostomos enthalten eine Vielzahl von Interessen, wie auch eine große Menge an Weisheit und Schönheit. Dion muss der Gottheit viel Dank für seinen Rat dargebracht haben. Und, wie der frühe chinesische Philosoph Tschuang-tse einmal bemerkte, Armut selbst ist nur Armut, nicht Leid.

95.

Pestilenz

Ungefähr 600 v. Chr. wurde Athen von einer Pestilenz heimgesucht.

Orakel

Pilger: eine Delegation aus Athen

Anfrage: „Was kann getan werden, um die Pestilenz zu vertreiben?"

Des Gottes Rat: „Reinigt die Stadt."

Nachbetrachtung

Die Stadt zu säubern und sanitäre Anlagen einzurichten, wäre ein guter Rat gewesen zu einer Zeit, als die Ärzte nicht wussten, wo sie anfangen sollten. Apollo jedoch verstand „reinigen" in einem religiösen, spirituellen Sinn, und so haben es auch die Pilger verstanden. Deshalb suchten sie anstelle einer Reinigung der Stadt, wie der moderne Mensch es getan hätte, eine andere Lösung.

Die Athener sandten ein Schiff nach Kreta und erbaten Hilfe von Epimenides aus Knossos. Er wurde als eine von den Göttern besonders begünstigte Person angesehen, hervorgerufen durch eine außergewöhnliche Heldentat als sehr junger Mann.

Die große Tat: Sein Vater bat ihn hinauszugehen und nach einem verirrten Schaf zu suchen. Epimenides, der sich bei seinem Auftrag ein wenig müde fühlte, sah eine Höhle, in der er sich eine Weile ausruhen wollte. Er schlief ein und erwachte 57 Jahre später. Daher seine Berühmtheit.

Die Athener fanden Epimenides und brachten ihn nach Athen, damit er versuchen sollte, durch Reinigung der Stadt die Pestilenz zu vertreiben. Er begann, schwarze und weiße Schafe zu sammeln, führte sie in die Gegend um das Areopag-Gericht und verließ sie.

Die Bürger waren angewiesen, den Schafen zu folgen, deren Ruheplätze zu markieren und an diesen Stellen der örtlichen Gottheit Opfer darzubringen.

Die Instruktionen des Epimenides wurden befolgt, und dies war das Ende der Pestilenz.

(Siehe Thukydides' faszinierende urkundliche Darstellung der schrecklichen Pest, die in Athen 430 v. Chr. wütete. Wie berichtet wird, starb Perikles an dieser Seuche. Thukydides war ebenfalls ein Opfer, konnte sich jedoch davon erholen.)

96.

Die heilige Schlange

Asklepios war ein göttlicher Arzt. Es wurden heilige Stätten für Asklepios gegründet, zu denen die Pilger reisten in der Hoffnung, Heilung von ihren Krankheiten zu finden. Religiöse Riten und medizinische Behandlung erwarteten die Erkrankten in diesen Heiligtümern, Kuren voller Wunder – so hieß es – wurden dort bewirkt.

Der hauptsächliche Ritus war die Inkubation der Krankheit, tatsächlich auch beschrieben durch den Lustspieldichter Aristophanes in seinem ausgezeichneten Stück *Der Plutos* (Verse 653-749). Ein ritueller Schlaf wurde herbeigeführt, um einen heilenden Traum zu erzielen. Der Gott Asklepios – so wurde angenommen – kam durch den Traum zum Patienten und behandelte und heilte ihn persönlich.

Weitere herkömmliche medizinische Behandlungsweisen beinhalteten Diäten, Bäder und körperliche Übungen. Die größten Heiligtümer hatten sogar Theater. Die heilige Stätte von Epidauros, berühmt zur Zeit dieses Orakels, war eines davon. Das Theater von Epidauros wird heute noch während der Sommerfestspiele benutzt. Tausende von Menschen reisen dorthin, um griechische Dramen und andere Aufführungen zu sehen.

Als die Pestilenz zu Beginn des Peloponnesischen Krieges ausbrach, gründete Athen ein Heiligtum für Asklepios am südlichen Hang der Akropolis, nahe dem Theater des Dionysus.

Zu diesem Orakel ist zu sagen, dass irgendwann vor 320 v. Chr. ein an Tuberkulose Erkrankter, sein Name war Thersandros, das Heiligtum von Asklepios in Epidauros besucht hatte in der Hoffnung, geheilt zu werden. Immer noch leidend wurde er nach Hause gebracht, nach Halieis. In dem Wagen, mit dem er befördert wurde, befand sich – unsichtbar – eine heilige Schlange des Asklepios. Nach der Ankunft in Halieis war Thersandros von seiner Krankheit geheilt.

Orakel

Pilger: eine Delegation aus Halieis

Anfrage: „Was sollen wir tun: die Schlange nach Epidauros zurückbringen oder sie dort lassen, wo sie ist?"

Des Gottes Rat: „Sie sollen die Schlange dort lassen und eine heilige Stätte für Asklepios gründen, ein Standbild von ihm anfertigen und dieses im Heiligtum aufstellen."

Nachbetrachtung

Danach wurde eine heilige Stätte des Asklepios in Halieis gegründet.

97.

Heilung für eine unheilbare Wunde

Der Fragende, ein Krieger aus Kroton, zog sich im Kampf gegen die Lokrer eine schreckliche Verwundung zu.

Orakel

Zeit: ungefähr 580 v. Chr.

Pilger: Leonymus aus Kroton

Anfrage: Der Mann war schwer krank und erbat Rat für seine Heilung.

Des Gottes Rat: „Gehe auf die weiße Insel. Ajax wird erscheinen und die Wunde heilen."

Nachbetrachtung

Mit „Ajax" meinte Pythia den sogenannten kleinen Ajax, nicht den großen, das wuchtige Bollwerk der Griechen in Troja, sondern Ajax, den Sohn des Telamon. Der kleine Ajax wurde von den Lokrern seinerzeit angerufen und nun verehrt aufgrund seiner Hilfe in der Schlacht, in der Leonymus von Kroton verwundet wurde.

Apollos Rat in diesem Orakel erinnert an seine Empfehlung, die er vormals Telephos gegeben hatte, als er von Achilles verwundet wurde. Suche Heilung von dem, der dich verwundet hat, wurde Telephos gesagt. Der kranke Mann machte Achilles ausfindig, der daraufhin Rost seiner Lanze auf Telephos' Wunde legte und eine Heilung bewirkte.

Leonymus von Kroton reiste auf die weiße Insel, wo Ajax ihm erschienen ist und Achilles ebenfalls. Jetzt war die Voraussage wirklich gut. Leonymus wurde tatsächlich von seiner Wunde geheilt.

98.

Aristophanes und die drakonische Berührung

Dies ist ein rein erfundenes Orakel aus Aristophanes' preisgekrönter Komödie *Die Wespen*, eine burleske Satire über den Gerichtshof von Athen.

Bdelocleon versucht seinen Vater, Philocleon, davon abzuhalten, zum Gericht zu laufen. Des alten Philocleon größte Freude im Leben ist es, als Schöffe für Verurteilung zu stimmen und zwar für die härteste Strafe. Ich werde Dialoge aus der Komödie wiedergeben, wie Bdelocleon und Bedienstete versuchen, des alten Mannes Weg zu blockieren.

Philocleon: Lasst mich zum Urteilen gehen, Schurken! Soll Dragontides unbestraft bleiben?

Bdelocleon: Was ist, wenn es so wäre?

Philocleon: Einmal, als ich das Delphische Orakel befragte, antwortete der Gott, ich sollte verdörren, falls mir ein Mann entkäme.

Bdelocleon: Apollo beschütze uns, welch eine Prophezeiung!

Verdörren, sollte man bedenken, war ein fatales Leiden, welches durch rächende Furien für schlimmste und mörderische Verbrechen verursacht wurde.

99.

Aristophanes und *Der Plutos*

Ein anderes ganz und gar erfundenes Orakel findet sich in Aristophanes' hervorragender philosophischer Komödie *Der Plutos*, eine burleske Satire über das Geld.

Der Held, Chremylus, beklagt sich über die Zustände in der Gesellschaft, wo die Schlechten erfolgreich sind und wo die Guten in Armut leben. Sein Sohn ist ein tugendhafter junger Mann; und Chremylus erbittet prophetischen Rat von Delphi darüber, ob es seinem Sohn besser ginge, wenn er ein Schurke und ein Betrüger wäre.

Orakel

Pilger: Chremylus

Anfrage: „Sollte mein Sohn sein Verhalten ändern und ein Gauner werden?"

Des Gottes Rat: „Folge dem ersten Mann, dem du beim Verlassen des Tempels begegnest und überrede ihn, mit dir nach Hause zu gehen."

Nachbetrachtung

Der erste Mann, dem er begegnete, war ein ungepflegter blinder Mann, es war Plutos, der Gott des Reichtums. Chremylus lässt ihn in einem Tempel des Asklepios von seiner Blindheit heilen. Nun, anstatt blindlings den Reichtum an Gauner auszuhändigen, kann der gutherzige Plutos sehen, mit wem er es zu tun hat und nur die Tugendhaften bereichern.

100.

Ein delphischer Scherz von Euripides

Euripides' berühmte Tragödie *Hippolytos* erzählt die Geschichte von Hippolytos und Phädra. Verheiratet mit König Theseus verliebte sich Phädra leidenschaftlich in ihren schönen Stiefsohn Hippolytos. Er verschmähte sie, Phädra verzehrte sich, und dann beging sie Selbstmord. Sie hinterließ einen rachsüchtigen Brief für ihren abwesenden Mann, in dem sie behauptete, dass Hippolytos sie vergewaltigte.

Theseus kehrt zurück, hört vom Tod seiner Frau, liest den verleumderischen anklagenden Brief und verflucht seinen Sohn zum Tod. Hippolytos stirbt bald danach, sein Wagen schleifte ihn zu Tode. Als sein Sohn im Sterben liegt, erfährt Theseus die Wahrheit.

Der Scherz: Theseus kommt zurück von einer Reise nach Delphi. Euripides lässt ihn die katastrophale Szene betreten, er trägt einen delphischen Kranz auf seinem Haupt, strahlend voll Freude, da er gerade eine günstige Antwort für seine Zukunft vom Orakel erhalten hatte.

Epilog

Ich reiste nach Delphi, um Rat vom Orakel des Apollo zu erbitten.

Orakel

    Pilger: Der Autor dieses Buches

    Anfrage: 1) „Wie können wir mehr Glück in diese Welt bringen?"

    2) „Wie können wir die Natur bewahren?"

    Des Gottes Rat: „Die Menschen müssen ihrem Leben ein selbstloses **moralisches Ziel** geben.

    Es ist unmöglich, wahres Glück zu erreichen, ohne sich für moralisch sinnvolle Aufgaben einzusetzen. Beides, persönliches Glück und Gemeinwohl hängen von der Schaffung und praktischen Anwendung einer idealistischen **Ethik** ab.

    Die Ethik: Jeder Einzelne muss die Verantwortung übernehmen, sich einem moralisch sinnvollen Projekt – einer guten Sache – zu verpflichten, mindestens drei Stunden in der Woche und diese Ethik an andere weitergeben.

    Eine gute Sache – eine moralisch sinnvolle Tätigkeit – ist alles das, von dem der Einzelne ernsthaft glaubt, dass es dazu beiträgt, eine bessere Welt zu gestalten.

    Eine **Wahre Demokratie** und ein **Neues Leben** wird für die Menschen entstehen.

    Eines Tages wird es dazu kommen."

Pilger: „Aber ich befürchte, dass die modernen Menschen Nehmende, nicht Gebende sind, viel zu ichbezogen, kurzsichtig und materialistisch, um eine solche Ethik und wahre Demokratie zu schaffen."

Des Gottes Antwort: „Denkst du wirklich, dass du weiser bist als ich?"

Quellennachweis für die Orakel

1. Plutarch, *Moralia* 116c
2. Joseph Fontenrose, *The Delphic Oracle* (Los Angeles: University of California Press 1978), 377; Porphyrios, *Vier Bücher von der Enthaltsamkeit* 2.15
3. Herodot I.47
4. Herodot I.53
5. Plutarch, *Moralia* 438a-b
6. Phlegon, *Olympiads* 1.3
7. Pausanias, *Description of Greece* V.4.6 Phlegon, *Olympiads* 1.6 und Fontenrose 269
8. Pausanias V.21.3
9. Inschrift von Teos; Inschrift von Delphi; Fontenrose 260
10. Augustinus, *Über den Gottesstaat* 18.12.2
11. Plinius der Ältere, *Naturalis historia* VII.47
12. Thukydides I.126
13. Lykurgos, „Gegen Leokrates" (Dieser Lykurgos war im 4. Jahrhundert v. Chr. ein athenischer Führer der anti-makedonischen Partei.)
14. Plutarch, *Vitae parallelae*, "Lykurgos,, 29.3-4
15. Diodor 8.13
16. Pausanias 4.12.4 und 4.13.3; Fontenrose 274
17. Diodorus Siculus 4.54-55
18. Älian, *Vermischte Erzählungen* 3.44

19. Älian 3.44
20. Plutarch, *Vitae parallelae,* "Solon,, 14.4
21. Cornelius Nepos I.1
22. Herodot V.63
23. Herodot VII.140
24. Herodot VII.141; Fontenrose 316-17
25. Herodot VII.178
26. Herodot VIII.35-36
27. Äschylus, *Der gefesselte Prometheus* 665-88
28. Strabo 6.2.4
29. Thukydides V.32
30. Plutarch, *Moralia* 412c
31. Apollodoros, *Epitome* 6.18
32. Fontenrose 287
33. Plutarch, *Moralia* 560e; Dion Chrysostomos 33.12
34. Plutarch, *Moralia* 294e
35. Fontenrose 387, Shakespeare, *Richard II*, I.3.275-78
36. Thukydides I.118
37. Thukydides V.26
38. Inschrift von Athen; Fontenrose 244
39. Plato, *Apology* 21a-d
40. Dion Chrysostomos, *Discourses* 32.3
41. Herodot VI.52
42. Plutarch, *Moralia* 302d
43. Xenophon, *Hellenika* 4.7.2
44. Plutarch, *Moralia* 109a-b
45. Pausanias IX.23.2
46. Euripides, *Ion* 420-24, 530-37
47. Herodot II.134 ; Daly Lloyd W. *Aesop Without Morals.* (New York: Thomas Yoseloff, 1961), 85-90
48. Euripides, *Medea* 679,681; Apollodorus 3.15.6-7
49. Pausanias IX.37.3-4

50.	Plutarch, *Vitae parallelae*, "Theseus,, 15
51.	Plutarch, *Vitae parallelae*, "Theseus,, 18; und
	Veränderungen dieser Erzählung
52.	Herodot IV.150-51
53.	Herodot IV.155.3; Plutarch *Vitae parallelae*
	405b, 408a; Fontenrose 284
54.	Herodot IV.157; Fontenrose 284
55.	Pindar, Pythische Oden 4.6-10; Fontenrose 285
56.	Fontenrose 307
57.	Diogenes Laertius 6.20 (ch. 2)
58.	Fontenrose 403
59.	Diodorus Siculus 8.30; Fontenrose 308
60.	Fontenrose 328
61.	Fontenrose 387
62.	Pausanias X.9.3-4
63.	Plutarch, *Moralia* 116d; Pausanias V.27
64.	Fontenrose 295-96
65.	Herodot V.92
66.	Fontenrose 276-77
67.	Pausanias VIII.42.5-7
68.	aus Euripides' *Die Phönizierinnen* 17-20;
	siehe Sophokles' Meisterwerk, *König Ödipus*,
	in welchem Apollos Prophezeiung wesentlich ist
69.	Sophokles, *König Ödipus* 791-93
70.	Sophokles, *König Ödipus* 97-110
71.	Sophokles, *Ödipus auf Kolones* 88-95
72.	Sophokles, *Ödipus auf Kolones* 389-409
73.	Diodorus Siculus 4.10.6-7 und 4.11.1
74.	Sophokles, *Die Trachinierinnen* 1160-61
75.	Diodorus Siculus 4.38
76.	Plutarch, *Vitae parallelae* 404a
77.	Apollodorus 2.8.2; Fontenrose 379
78.	Inschrift von Eleusis; Fontenrose 251

79. Apollodorus 2.14-15
80. Äschylus, *Die Choephoren* 270-96, 1038-39
81. Äschylus, *Die Eumeniden* 64-84
82. Euripides, *Iphigenie bei den Taurern* 77-92, 976-78
83. Fontenrose 265
84. Iamblichos, *On the Pythagorean Way of Life*, Sektion 25; Fontenrose 294
85. Fontenrose 297
86. Iamblichos 221
87. Fontenrose 296
88. Pausanias 1.43.3
89. Inschrift von Olynthos; Fontenrose 250
90. Fontenrose 338
91. Plutarch, *Vitae parallelae,* "Fabius Maximus" 18.3; Fontenrose 259
92. Plutarch, *Vitae parallelea*, "Cicero,, 5.1
93. Fontenrose 263-64
94. Dio Chrysostomos, *Discourses* 13.9
95. Diogenes Laertius, "Epimenides,, I.10.110
96. Inschrift von Epidauros; Fontenrose 251-52
97. Pausanias III.19.12
98. Aristophanes, *Die Wespen* 156-161
99. Aristophanes, *Der Plutos* 39-42
100. Euripides, *Hippolytos* 809

Index

A

Acheloos 129
Achilles 35, 164, 165
Adyton 18, 58
Agamedes 88
Agamemnon 8, 137, 138, 139
Agesipolis 87
Ägeus 94, 95, 99
Ägisthus 137, 138, 139
Ajax 164, 165
Akragas 146, 147
Akropolis 6, 11, 37, 38, 59,
    67, 162
Alexander der Große 152
Antigone 124, 126
Aphrodite 99
Archilochos 6, 72, 73
Areopag 51, 161
Argos 86, 87, 127, 137, 138
Ariadne 99
Aristodemus 43, 44
Aristophanes 8, 11, 15, 20,
    33, 162, 166, 167, 175
Aristotel-Battos 101, 102,
    103, 109
Aristoteles 143
Arkadien 117, 119
Arkesilaos 109
Artemis 138, 142, 150
Artemision 58, 60
Äschylus 33, 64, 139, 140,
    141, 173, 175
Asklepios 162, 163, 167
Äsop 7, 92, 93
Athene 58, 86, 101, 141

Ätoler 108
Atreus 137

B

Bdelocleon 166
Bithynien 158
Böotien 88
Boule 51

C

Callippos 32
Callistratus 6, 39
Cannä 153
Chaerephon 81
Chalkidike 150, 151
Chariton 146, 147
Choephoren, Die 139, 175
Chersones 52, 71
Chilon 23
Chremylus 167
Cicero 8, 155, 175
Corcyra 113, 114
Creusa 91

D

Dardanus 86
Darius 52, 53, 55, 105
Deianeira 129, 130
Delos 6, 67, 68, 69, 70, 104
Demeter 118

Demokratie 10, 11, 40, 50, 54, 55, 59, 67, 84, 141, 170, 171
Dio Chrysostomos 175
Diogenes 7, 106, 107, 174, 175
Dionysos 33
Drakon 51

E

Elektra 139
Eleusis 135, 174
Elis 29, 31, 32
Enneaden 144
Ephesus 8, 148
Ephoren 23, 40
Epidauros 162, 163, 175
Epimenides 160, 161, 175
Eteokles 124, 126
Euripides 8, 33, 83, 91, 128, 139, 140, 143, 168, 173, 174, 175
Eurystheus 127, 128
Euthymos 6, 36

F

Furien 8, 140, 141, 166

G

Gaia 17

H

Hadrian 157
Halieis 163
Hannibal 153
Hektor 52
Hekuba 64
Helots 45

Hera 47, 128
Herakliden 134
Herkules, *Herkules* 8, 31, 33, 99, 127, 128, 129, 130, 131, 132, 134
Hermes 126, 150
Herodot 92, 172, 173, 174
Hipparchos 54
Hippias 54, 55
Hippolytos 168, 175
Homer 8, 76, 139, 157

I

Ilias 52, 71, 76, 157
Inachos 64
Io 6, 64
Iokaste 120, 122
Ion 7, 91, 173
Ionia 33
Iphigenie 138, 142, 143, 175
Iphigenie auf Tauris 142, 143
Iphitos 29, 31
Ismene 126
Italien 36, 65, 146, 158
Ithaka 157

J

Jason 46, 47

K

Kleisthenes 6, 54, 55, 115
Klytämnestra 137, 138, 139, 140
Korinth 46, 65, 116, 120, 121
Kreon 123, 124, 126, 127
Kreta 97, 99, 100, 160
Krösus 5, 25, 26
Kylon 37

Kypselos-Dynastie 116
Kyrene 7, 101, 109
Kyros 25, 26

L

Labyrinth 97, 99
Laios 120, 122, 123
Leonymus aus Kroton 164
Libyen 7, 100, 101, 102, 109
Lokris 36, 74
Lykurgos 6, 29, 31, 40, 41,
    172

M

Marathon 10, 52, 55, 56
Medea, *Medea* 6, 46, 47, 173
Megara 8, 37, 117, 127, 149
Melanippos 146, 147
Menelaus 137
Messenia 6, 43, 44
Miltiades 6, 52, 53
Minos 7, 97, 99, 144
Minotaurus 7, 97, 99
Moralia 27, 114, 172, 173,
    174
Musik 6, 35

N

Nessus 129, 130, 131, 132

O

Ödipus, *König Ödipus* 7, 8,
    120, 121, 122, 123, 124,
    125, 126, 174
Ödipus auf Kolones 124, 125,
    174
Odyssee 157
Odysseus 157

Olymp 16, 128
Olympia 29, 36, 113, 114
Orest 8, 138, 139, 140, 142,
    143
Orestie-Trilogie 139, 141

P

Palladium 86
Parmeniskos 110
Pausanias 114, 172, 173, 174,
    175
Peloponnes 29, 134
Perikles 10, 54, 67, 77, 161
Perserkriege 6, 42, 56, 58, 60,
    62
Persien 17, 25, 26, 62
Phädra 168
Phalaris 8, 146, 147
Philip von Makedonien 8, 151
Philocleon 166
Phokis 132
Pindar 7, 88, 90, 174
Pisa 29
Pisistratus 54
Pittheus 95
Plato 144, 173
Plotinus 8, 144
Plutarch 27, 53, 114, 155,
    172, 173, 174, 175
Plutos 8, 162, 167, 175
Podalirius 71
Poetik 143
Polybus 120, 121
Polykrates 7, 104, 105
Polyneikes 124, 126
Poseidon 112, 113
Prometheus, *Der gefesselte
    Prometheus* 64, 173
Prytaneum 79, 80

Pylades 142
Pythagoras 144, 145, 147, 148
Pytho 16, 18, 150
Python 18

R

Rom 8, 153, 154

S

Salamis 53, 59, 60, 62, 67
Samos 8, 92, 104, 145, 148
Shakespeare 75, 137, 173
Sokrates 6, 10, 17, 79, 81, 82, 83
Solon 6, 50, 51, 55, 173
Sophokles 33, 123, 124, 125, 129, 130, 174
Sparta 6, 23, 29, 31, 41, 43, 44, 55, 67, 76, 77, 83, 84, 85, 86, 87, 117, 151
Sphinx 122
Syrakus 65, 66

T

Telemach 157
Telephos 164, 165

Theater des Dionysus 162
Theben 33, 88, 120, 122, 123, 124, 125, 126, 127, 151
Themistokles 42, 53, 59, 62
Thera 7, 100, 101, 102, 103, 109
Thermopylen 10, 41, 42, 58, 60, 62
Theseus 7, 94, 95, 99, 126, 168, 173, 174
Thessalien 117
Thukydides 78, 161, 172, 173
Thyestes 8, 137
Tiryns 112, 117
Trachinierinnen, Die 129, 174
Trachis 129, 130
Troja 64, 137, 138, 164
Trophonios 88, 110

W

Wespen, Die 166, 175

X

Xerxes 17, 53, 56
Xuthus 91